*será que algum médico
já receitou poesia?*

Tiago Moralles

cacha
lote

*será que algum médico
já receitou poesia?*

Tiago Moralles

Fernando, vamos ler Kierkegaard e Nietzsche no Jardim Trianon
pela manhã, enquanto as crianças brincam na gangorra ao lado.
Vamos percorrer as vielas do centro aos domingos
quando toda a gente decente dorme,
e só adolescentes bêbados e putas encontram-se na noite.

Roberto Piva

Não sou de choro fácil mas
um composto orgânico
cujas moléculas contêm as instruções genéticas que
coordenam o desenvolvimento e funcionamento
de todos os seres vivos
me comove.

Matilde Campilho

*para as amigas e amigos que tiveram paciência comigo
enquanto eu me sentia desabrigado nos últimos anos.*

4 DE JANEIRO

gosto de observar ausências
e é isso que a cidade oferece nos primeiros dias do ano.
lugares vazios preenchem imaginação.
e como vontades não respeitam o princípio da impenetrabilidade da
[matéria
duas ou mais delas
ocupam muito bem o mesmo espaço.

uma pipa solitária contrasta com a imensidão atmosférica
enquanto questiona a constatação.

quantos brinquedos infantis você viu por aí
a enfrentar arranha-céus?

a bexiga se enche de um gás nobre de átomo único
incolor e inodoro
que possui o menor ponto de evaporação entre todos os elementos
[químicos.
sobe com bravura
deixando pra trás um mundo de choro agudo pra viver no isolamento.
perto do shopping
acima da criança
tem um balão inflável vermelho metalizado preso numa árvore alta.
é o máximo de coragem que vi nos últimos tempos.

o vácuo que um ano deixa é ocupado pelo seguinte.

alguém resolveu escrever mais frases por toda cidade.
terapia gramatical sobre traumas imobiliários. é a única novidade
até agora.

um céu cheio de nuvens brancas recebe janeiro
como se tivesse saído do controle
uma plantação inteira de algodão.
pedaços azuis brincam de esconde-esconde.

é sempre divertido começar um novo ciclo.
ainda que
o que nos aguarde
é um monte de repetição.

10 DE JANEIRO

é terça-feira e o sol parece atrasado.
ou acordei em horário diferente.
transferir culpa alivia um peso danado.

o reflexo do pote de vidro na parede
me transporta pra rua. prédios espelhados
mancham de luz os prédios antigos menos espelhados.
atualmente a cidade é mais narcisista.
não tem tempo de olhar pro lado.

ando apressado mas consigo reparar. não sou moderno.
nem todo mundo enxerga poesia na faixa de pedestres.

o homem descalço folheia um livro sem capa. e assim deve ser melhor.
já pensou quantas histórias a gente não consegiria contar
sem rótulos atrapalhando?

os óculos do morador de rua não têm lentes.
não dá nem pra ver o outro lado da rua.
quem dirá o amanhã.

hoje almoço num restaurante novo apesar do lugar ser antigo.
as placas amareladas nas paredes com estrelas de recomendação
dadas por algum jornal local indicam que minha escolha é muito boa.
(se tivesse sido feita décadas atrás)
mesmo com ar abafado de fritura o ambiente é movimentado.

será que sou moderno?
volto rápido pra casa mesmo sem ter muito o que fazer na parte da tarde.

pela janela do andar 72 acompanho o movimento da rua
e não sei explicar por que corro tanto lá embaixo
quando daqui de cima tudo parece mais lento.

é errado ficar perto demais?
o sol segue atrasado. mas é quarta-feira.
ou será verão?

15 DE JANEIRO

descobri ao longo dos anos que gosto de fazer perguntas inusitadas.
gosto ainda mais das perguntas que nos tiram um sorriso de canto
do que das perguntas que nos tiram respostas.

as livrarias onde você mora também respiram por aparelhos?

faltam leitos nos hospitais da prefeitura
as manchetes avisam.
pra não colaborar com a superlotação das macas
parei de adoçar meu café faz anos.
lembro disso olhando o coração de crochê que o anderson me deu.

separo os livros que vou doar.
confiro se as palavras continuam lá.
toda vez que leio a frase vende-se livros usados
me pergunto em silêncio o que caracteriza um livro usado.
seriam livros que cansaram e agora contam outros textos?
são livros gastos que não têm mais escritos?
ou livros que desistiram dos donos antigos?

costumo não exagerar no perfume quando visito bibliotecas.
conheço de olhos fechados o cheiro de boas histórias.

compro uma pipoca na saída
exatamente por não ter armas pra combater o cheiro que vem em minha
[direção.

16   o que mário de andrade pensaria a respeito
da situação que se encontra a rede pública de saúde?

18 DE JANEIRO

deito no chão do apartamento com muita frequência.
é o mais rápido e o mais perto que posso chegar do chão da terra
sem pular da janela.
é o mais longe e mais rápido que consigo chegar da minha altura.

quando me sinto desconfortável um metro e noventa acima do nível do
                                                                     [solo.
chão é porto.
parto a olhar o teto enquanto alterno palpebras abertas e fechadas.

uma formiga percorre meu braço.
ao identificar um aquecimento
meu hipotálamo por meio do sistema nervoso simpático
avisa às glândulas sudoríparas que é hora de transpirar.
arrependida de encontrar gotas compostas 99 por cento de água e sais
                                                                               [minerais
a formiga procura rampa de acesso ao piso.

é quase mágico pensar que o suor é um processo biológico
de resfriamento do corpo. só não é mais mágico
do que saber que temos um sistema nervoso chamado simpático.
e por mais que eu tente explicar cientificamente
o funcionamento das numerosas e complexas vias e componentes
nada será mais poético do que sua própria existência.

o sangue horizontal é capaz de apenas duas coisas na vida:
certificar nossa morte ou
levar ideias com mais facilidade ao cérebro.

(pessoas baixas são mais inteligentes?)

daqui vejo minhas plantas que tocam o chão.
espelho apoiado na parede.
lagoa vertical.
ouço passos no corredor.
apache à espreita de cavalos do exército norte-americano abrindo a porta
[do 73.

levantar ainda não é uma opção.
sigo comanche.

21 DE JANEIRO

uma rachadura sai do canto superior da parede do elevador.
outra na calçada em frente ao mercado.
rachaduras pra todo lado.
o quinto azulejo da segunda fileira na entrada do banco
também tá dividido em dois.

uma fenda gigante numa cidade na finlândia.
uma finlândia na esquerda e agora outra na direita.

um desfiladeiro íngreme esculpido pelo rio colorado no arizona
saindo do parque nacional percorrendo
seus mais de 446 quilômetros de comprimento e chegando a faixa de
                                                          [pedestres
da itacolomi.

por dois bilhões de anos o rio cortou canais através das camadas de rocha
mesmo que alguns detalhes da história da incisão ainda sejam debatidos
por geólogos
vários estudos sugerem que ele criou seu curso
há cerca de seis milhões de anos.
(só)
desde então tem aprofundado e alargado o desfiladeiro
chegando a paredes de elevadores
e um pouco mais.

grand espaço que existe entre nós
mesmo sentados num único balcão de bar.
um canyon pra cada um.

25 DE JANEIRO

no prédio onde moro tem uma loja de bolo no térreo.
da janela do meu banheiro sai um cheiro de fubá algumas vezes por dia.
nunca imaginei que visitaria o passado com tanta frequência.
com tão pouca fragrância.

ouço billie holiday no meio da semana em dia útil
pra me sentir menos inútil.
a casa não é grande.
billie entra na cozinha. passa um café. americano. coado. aguado.

quantas bananas uma pessoa que mora sozinha
deveria comprar por vez?
a gente nasce
cresce
aprende a se virar
pagar contas
suportar a frebre na madrugada
dor de garganta no fim de semana
mas não aprende nunca a conviver com a solidão.

quanto mais olho a quantidade de coisas avulsas
mais eu lembro que moro sozinho.

amanhã é holiday. hoje não.
hoje sou apenas eu
o café ralo

o banheiro sujo
e o perfume de fubá.

enquanto a massa aquece no forno
as leveduras se multiplicam e ingerem o açúcar e o amido
contido na farinha de trigo.
o processo se completa com a liberação de gás carbônico
fazendo que a massa fique inflada.

a solidão cresce como fermento.
baker.
chet baker. agora diz o nome no visor da tevê.

26 DE JANEIRO

comemoro mais um aniversário.

caminhando por insignificâncias no bairro
vejo acontecimentos urbanos
que não atraem a atenção de ninguém.

daria pra escrever uma edição inteira
de um jornal chamado
pequenas notícias do dia.

mas a vida não passa de histórias repetidas
que a gente fica mudando o jeito de contar.

isso lá daria manchete pra alguém?

31 DE JANEIRO

a placa de rua diz pra seguir em frente sentido centro.
viro à direita porque não busco equilíbrio.

na cafeteria que sempre vou
hoje não tem lugar pra sentar.
improviso um novo plano.

em caso de luz piscando faixa exclusiva pra ônibus.
atravesso mesmo assim.
a sociedade precisa de pessoas mais anarquistas.
ser governado por empatias
me parecem formas mais sensatas
do que gravatas.

passo em frente à loja de roupa vazia de gente.
tenho vontade de encaixar meu reflexo na vitrine
em cima do manequim
mas ainda sou tímido pra aventuras mal interpretadas por estranhos.

encontro pela calçada confetes e pedaços brilhantes de papel
que sentem saudade dos sorrisos e suores do fim de semana.
estamos perto do carnaval e essa é a época do ano
em que se torna quase impossível ver tristeza no rosto das pessoas
com tantas máscaras e maquiagens nas caras.

a chapa verde retangular de metal presa ao poste indica que
seguindo direto a avenida
o caminho vai dar na liberdade.

pra quem?
me pergunto.

2 DE FEVEREIRO

faz tempo que não ando de bicicleta.
tempo o suficiente pra não saber aonde a gente chega
depois que desce do banco.

fernanda me colocou na garupa e me deu carona até não sei onde
porque já disse que não lembro mais aonde se pode chegar.

tenho um e noventa de altura contando desde o chão
mas se for contar do nível do mar
sou mais baixo que muita gente.

uma maré de manchas tem inundado minha vida.
uma infiltração no banheiro.
algumas camisas.
a lente esqueda dos meus óculos
e deve ser porque é o olho que mais uso.
o espelho da sala.
algumas telas.

moro no sétimo andar sem contar o nível do mar
e é bem pouco comum ver pombas voarem nessa altura.
e apesar de pombas e ideias não terem relação nenhuma
sigo com dias muito improdutivos.
a pessoa que mais entra na minha casa ultimamente é o pedreiro

que não tem relação nenhuma com pombas
e deve ser por isso que as visitas aumentaram consideravelmente.

faz tempo que não vou até a praia.
fugir do pó da obra seria uma ótima opção.

nunca vi um cachorro fazer inalação.

não tenho saudades de bicicleta
mas tenho saudades de não saber pra onde ir.

o mercado da rua tem sido meu itinerário mais comum.
se eu fosse pomba essa seria minha altura de voo.

por que será que as ideias não alcançam o apartamento 72?

5 DE FEVEREIRO

os gases quentes
de 300 graus celsius
quando entram em contato com o ar gelado
resfriam rapidamente e produzem um rastro de condensação.

apesar de explicar muita coisa
a ciência também é capaz de tirar toda a poesia
dos rastros de nuvem que ficam atrás dos pequenos aviões.

olhar pro alto enquanto o risco branco existir
faz o tempo na terra passar bem mais devagar.

acredito ainda que
enquanto olhamos fixa e despretenciosamente o fenômeno
o tempo congela.
mas isso a ciência não se preocupou muito em estudar.

tirei o dia pra sentar no parque e ler.
tirar o atraso de um livro que fica parado e fechado
ao lado da minha cama há alguns dias
e até o momento
o rastro do avião tem toda minha audiência.

hoje é possível saber pra onde vão as pessoas que
a milhares de quilômetros de altura passam sobre minha cabeça
mas usar a tecnologia muitas vezes estraga a imaginação.

a altitude média de cruzeiro de um avião comercial
ocorre entre nove e doze quilômetros
o que é alto o suficiente pra não verem que meu livro continua do mesmo
[jeito
como se estivesse ao lado da minha cama.

tem dias que você se programa pra fazer algo
mas a vida é muito mais forte que a gente.

deixei pra trás um rastro de vontades
com tudo o que tenho deixado de fazer.

não procure por aí respostas de onde posso chegar se continuar assim.
provavelmente vai estragar
sua experiência de observador.

17 DE FEVEREIRO

o número de pessoas sorrindo na rua numa manhã chuvosa
está acima da média.

quantas vezes você dividiu o guarda-chuva com alguém?

às vezes me pergunto se a humanidade ainda quer inventar coisas
sendo que existem coisas demais no mundo.
é muito louco como a gente continua fabricando pratos
mesmo sabendo que muitas pessoas não têm nem comida pra colocar
[dentro.

o cara do programa de esporte
que passa na tevê na hora do almoço
dá incentivo motivacional pro desempregado sentado no bar
que acha que amanhã vai ser um novo dia
que tudo vai ficar bem
que sempre podemos superar uma derrota.

segundo algumas fontes
o futebol teve seus primeiros registros na china muito tempo antes de
[cristo.
essas mesmas fontes garantem ainda
que os homens do exército se divertiam chutando o crânio de seus
[inimigos decapitados.
amanhã
eu
o desempregado

e charles miller
veremos nossas cabeças sendo chutadas por aí.

a vida é uma sucessão de derrotas
entre um programa de esporte e outro.
não sei mais ao que assistir.
também ando sem paciência pra ler
e a única coisa que me resta é andar
porque ando com paciência.
a motorista do ônibus ficou parada no ponto
esperando um velhinho que atravessava muito

l
e
n
t
a
m
e
n
t
e

ainda existem pessoas com paciência
com sorriso no rosto
e que gostam de futebol.
minha cabeça não está pra jogo hoje.
amanhã
veremos.

18 DE FEVEREIRO

em alguns lugares específicos da cidade
existe uma hora do dia em que
quem acorda cedo
cruza com quem dorme tarde.

mas aprenda uma coisa sobre caminhadas matinais.
não é fácil falar do relógio dos outros
quando a gente não tem metas em calendários próprios.

28 DE FEVEREIRO

se você fechar o olho agora
nesse momento
sabe me dizer se o rabo do cavalo marinho faz a curva pra trás ou pra
[frente?

sigo de olhos fechados
mas presto atenção em tudo que acontece aqui fora.
tenho a péssima qualidade de ser curioso demais.

duas mulheres conversam na mesa da frente
uma delas acabou de adotar uma criança.

o homem que passa em frente à loja de materiais de construção
errou a lixeira três vezes seguidas
nem por isso deixou o papel no chão.
me falta a persistência de um homem educado andando na rua
em frente a uma loja de materiais de construção.

reparei isso esses dias. o ano começou faz um tempo
e tem um tempo que eu não começo nada.
a última vez que viajei pra fora do país prometi pra mim mesmo
tomando uma cerveja em praga
que minha vida ia ser diferente dali pra frente.
fernando riu achando que eu tinha exagerado no álcool e mesmo assim
pediu mais dois copos
em inglês mesmo.
porque tem seis anos que fernando saiu do brasil e não aprendeu tcheco.

krev. a mancha de sangue segue lá na rua
onde teve um atropelamento semana passada.
ninguém mais sabe identificar o que é
quando pisa em cima da mancha seca de krev. nem fernando saberia.

uma pessoa adulta tem em média cinco litros de sangue no corpo.
um corpo em repouso precisa de menos oxigênio.
por isso o coração bate mais devagar
e o sangue leva mais ou menos um minuto pra fazer uma volta completa
[em você.

nunca fiz um exame de sangue.
o líquido vermelho que corre pelo meu corpo dá voltas e voltas
há mais de 38 anos sem ao menos saber pra onde está indo.

já tive problemas com manchas.
não tenho mais.

se você fechar os olhos agora
sabe dizer aonde tanto sangue assim vai te levar?

2 DE MARÇO

quebrei uma xícara de café semana passada.
não dá pra dizer que era minha xícara de café favorita porque só tenho
[uma.

(*tinha*)

sabe quando seu corpo e sua mente ocupam lugares diferentes
ao mesmo tempo
por frações de segundos?
esqueci que tava segurando a xícara e a gravidade fez seu trabalho.

a música que vaza do andar debaixo
coloca mais um pouco de tristeza bem passada aqui em casa.

nunca aprendi a tocar um instrumento
e não lembro se isso tem mais a ver com coordenação ou memória.
não entendo de pianos mas sei o quanto gosto de deitar no chão
ouvindo as vibrações que as cordas provocam na minha imaginação.

diferente do que acontece com uma xícara de porcelana normal
em seu mais puro estado de colisão depois de uma queda livre
ela não se espatifou. perdeu apenas a alça.
virou copo.
um copo com um baita trincado. mas inteiro.

ainda uso a xícara-copo pra tomar café diariamente.
o trincado me lembra que

apesar de prestar belos serviços rotineiros levando até minha boca
a droga psicotrópica que fornece estimulantes ao meu sistema nervoso
[central
com muita excelência
a xícara-copo anda mais frágil que nunca.

objetificar pessoas é muito errado.
identificar-se com objetos me parece muito apropriado em tempos de
[fragilidade.

quem nunca se machucou com seus próprios cacos?

são nove e trinta e quatro da manhã.
no céu
um avião leva um bocado de gente perdida pra algum lugar longe daqui
e a cafeína não fez efeito nenhum até o momento pra me tirar do sofá.

3 DE MARÇO

tem dias que me seguro pra não chorar.

falta água no mercado aqui do lado de casa e pelo que tenho visto de
                                                                                               [relatos
falta água no mercado do lado de outras pessoas também.
o volume operacional das represas que cercam a cidade
é o mais baixo dos últimos anos.

tem dias que me seguro pra não gastar o choro.
desidratar é pra quem ainda não desistiu.

espero na janela atento ao menor sinal de chuva.
vejo as gotas caírem e aproveito pra me escorrer.
desço pela parede do prédio.
sinto o passar de cada pastilha azul da década de 60 pelo meu corpo.

pela janela dos moradores de baixo vejo gente ainda deitada
olhando o teto branco que precisa ser pintado.
o proprietário que se vire com esse líquido.
ou o gilvan
que é quem costuma pintar as coisas aqui pela região.

nunca vi meu pai pintando uma parede. lá em casa
a gente costumava dar risada pra disfarçar as irregularidades.

vejo uma tevê ligada no andar seguinte.
a essa altura é a tela que assiste às pessoas.

passo pela portaria. o botão do meu apartamento no inferfone é o menos gasto.
ninguém vem aqui faz tempo.

durante as aulas de ciência no ensino fundamental
aprendi que a água pode ocupar alguns estados físicos.
aprender sobre condensação me ensinou muito sobre problemas
e o efeito capaz de transformar as coisas mais insignificantes do mundo
em um líquido salgado.

me junto às outras lágrimas na calçada perto de um papelão molhado
que assume a digna responsabilidade de ser
momentaneamente
o colchão do morador de rua que pede
honestamente
um trocado pra cachaça.

é engraçado como em tempos assim
todos viramos reféns de algum tipo de líquido.
bauman ia gostar de saber que seu tempo enfim chegou.

as pessoas que ainda andam pela rua passam apressadas
tentando não encostar em ninguém. mas de pisão em pisão vão me
                                                    [espirrando.

chego em frente ao mercadinho. realmente não tem água.
continuo sendo meu próprio líquido.
racionado.
raciocinando.
e tentando não chegar no limite do meu volume operacional.

14 DE MARÇO

não sei você mas me sinto perdido. acordo. durmo. acordo e durmo.
e o dia ainda é o mesmo.
não tenho muita coragem pra novidades.
interesse quase nulo em descobertas.

às vezes

abro uma gaveta e encontro ânimo pra correr.
um lapso de energia pra ler alguma coisa.
ou até assistir qualquer porcaria na tevê.
é triste conseguir dar um passo pra frente
e sentir que não se fez mais que a obrigação.

sujo louças fazendo as mesmas coisas.
me alimento de repetições com pratos e notícias.
a vida parece não ter tempero de uns tempos pra cá.

perdi a capacidade de medir vontades porque perdi a referência do que
                                                              [gosto.
não consigo medir saudades porque perdi a referência de quem gosto.
não consigo medir nada nos dias atuais.

quando foi a última vez que você comprou um termômetro?

espero que em breve todos os relógios do mundo parem de funcionar
e que as pessoas comecem a marcar a hora pelo tempo das coisas.
nada vai durar mais do que merece.

dentro do fogão tem uma travessa e uma panela
que não uso mais pra muita coisa.
ao contrário do teflon gasto que reveste as frigideiras
nada mais gruda em meus pensamentos.

estou em constante mudança e peregrinação.
sou quase um emigrante do próprio emocional.
nunca uma terra tão conhecida se fez tão misteriosa e nova.
me sinto um turista dentro de mim. quem diria
que em 1938 o químico roy plunkett teria tanta responsabilidade
                                           [terapéutica numa tarde abafada.

a rotina se arrasta com temperaturas parecidas
sabores iguais
e futuros bem incertos.

sei que não existe termômetro pra tudo.
como é difícil medir as coisas quando a gente não tem mais sinais de
                                           [comparação.
faz agora 28 graus de não sei o quê.
ou talvez um pouco mais.

viver é quase inevitável.

15 DE MARÇO

quem me apresentou essa padaria foi a camila.
antes mesmo de todo mundo começar a fazer seus próprios pães em casa.
lembro disso sempre que passo em frente à escadaria
pintada com o rosto da escritora
onde fizemos uma foto comendo carolina.

a escada não fica tão perto assim da padaria mas fica bem perto da
[lembrança.

hoje não está lá
o menino que toca jazz no mesmo lugar todo dia
do outro lado da rua
uma clínica de oftalmologia.
quem dera fosse um médico de ouvido
e na saída
as pessoas pudessem escutar melhor do que um sax é capaz.
mas às vezes é isso
o menino encontrou outro lugar pra sonhar.

cumpro todo o ritual sozinho.
sento no degrau.
a condensação do vapor na atmosfera
que passa sobre minha cabeça
formada por gotículas de água mais leves que o ar
tem formato de beija-flor.
(ou seria um dinossauro?)

você já teve a sensação de ouvir o som só de olhar pr'alguma coisa?
mordo um pedaço do croassã.
a nuvem não se parece com mais nada.
sinto cheiro de flauta peruana tocando anunciação.
alceu valença caminhando longe dos olhos.
tudo isso com gosto de massa folhada.

uma recente pesquisa
feita por engenheiros do instituto de tecnologia de massachusetts
trouxe novos elementos
pra completar um estudo de mil novecentos e sessenta e quatro
realizado pelos pesquisadores australianos i. j. bear e r. g. thomas.
no qual trazia informações preliminares
sobre as gotas que se precipitam em velocidades baixas ou moderadas
e atingem uma superfície porosa como a terra
fazendo com que pequenas bolhas de ar fiquem presas nesses minúsculos
[poros.
essas bolhas são liberadas na superfície da água
carregando com elas elementos aromáticos do solo na forma de aerossóis.
o aroma terroso produzido pelo solo
depois de um período de clima seco e quente
ao receber as primeiras gotas de água
ganhou o nome de petricor.

petricor é desde então o nome científico do cheiro da chuva.

olhando pro céu agora
as chances de petricorar em são paulo são grandes
graças a bear e thomas.

30 DE MARÇO

ainda é possível achar pessoas pela rua avisando que a porta do carro
não fechou
e que o cadarço está desamarrado.

não preciso fazer muito esforço pra ler o que diz o cartaz no poste
porque o que ele tem a dizer ele diz bem grande.

termino de prender meu tênis e a sensação de tranquilidade é bem maior
quando estamos alguns níveis mais próximos do chão.

meu pescoço ainda dói da noite mal dormida.
não sei se preciso trocar o colchão
o travesseiro
ou se preciso prestar mais atenção no merchandising
que passa no meio do programa de fofoca na parte da tarde
em que um fisioterapeuta dá dicas de como deitar melhor.

você sabia que deitar virado pra esquerda
é a posição mais indicada na hora de dormir?
além de facilitar o processo de digestão
pode melhorar a circulação sanguínea.

meu pai operou o braço semana passada.
tirou uma pinta que ele achava estranha e a médica achava estranha.
mas eu não acho pintas estranhas.

eu tinha uma namorada na época de escola que tinha uma pinta no
[pescoço
que a gente apelidou carinhosamente de teodora.
e na época a gente achava
que não tinha jeito melhor de demostrar carinho
do que nomear coisas aleatórias na nossa vida com novos nomes
que dessem um mínimo de dignidade pras irrelevâncias.

sento no boteco.

meu tênis novamente está apto a me proporcionar uma bela queda
[enquanto ando.

desisti de prender algumas coisas na vida tem um tempo.

curiosamente
a carne de hoje
tem um sabor inversamente proporcional ao preço do prato.
dispenso a porção de batata
mas peço pra viagem
porque ela tem como destino a barraca na rua da esquina de casa.

o torcicolo me lembra mais uma vez de teodora.
apesar de eu não ter mais interesse nenhum em prender nada nessa vida
a dor me deu uma saudade danada.

o dia tinha tudo pra rimar com amor
mas terminou com um pouco de dor e tristeza.
pra lembrar a gente que a vida não é lá essa poesia toda.

foto: tiago moralles / autor: desconhecido

7 DE ABRIL

sei que a busca pela cura do câncer
e a corrida espacial
ainda atraem investimentos e debates pelo mundo.
sei também
que o grau de atenção que assuntos assim precisam receber
reflete o quão rápido podemos evoluir como humanidade. porém
em algum momento do dia precisamos falar sobre as ruas sem saída.

o conceito de rua sem saída é complexo
se você refletir mais a fundo.
ainda mais pra ser discutido em uma sociedade sem muito tempo pra
[reflexões.

sempre que passo em frente a uma placa dessas
dou um leve sorriso de canto de boca
vendo pessoas e automóveis entrarem e saírem livremente.

não tente entender as contradições da vida
quando o guarda-chuva na verdade não armazena água nenhuma.

vejo o vendedor de óculos que fica na frente da saída do metrô na região
[central.
sei a previsão do tempo pelos ambulantes.
que se vendessem capas plásticas
seria sinal que o dia terminaria com superfícies mais reflexivas.

passo pela rua sete de abril
que ganhou esse nome em mil novecentos e setenta e três e me questiono
se quem me levou até ela no dia de hoje
foi meu transtorno obsessivo compulsivo ou
umas dessas coincidências em que a gente repara pouco.

dobro pra coronel xavier de toledo
e tento resgatar lembranças do meu primeiro emprego
que não tinha relação nenhuma
com a cura de doenças causadas pelo crescimento desordenado de células.

uma nuvem de vapor sai do carrinho de milho cozido
em frente ao prédio da universidade.
não lembro sobre o que eu pensava minutos atrás.
sinto-me sem saída dentro da minha própria cabeça.
alguém passa por mim e dá um sorriso de canto de boca.

8 DE ABRIL

ganhei um caderno de anotações.
daqueles com um monte de páginas em branco
sem linhas nenhuma
te cobrando o tempo inteiro pra ser produtivo.

acho muito estranha a sensação de saber que estamos quase no meio
                                                                  [do ano
e não tenho nada pra escrever num caderno de anotações.

quem foi a primeira pessoa que teve a ideia de criar um caderno de
                                                                   [anotações?
onde ela anotou a ideia de criar um caderno de anotações
antes de ter um caderno de anotações?

a vida é muito confusa quando a gente busca sentido demais.

tem um homem batendo palmas num apartamento e olhando pra rua
                                                                   [da consolação.
estamos a muitos metros um do outro e ele é minúsculo.
a felicidade dele é diminuída pela perpectiva.

quantas vezes a gente não teve nossa alegria reduzida pelos olhos dos
                                                                   [outros?

no fim do dia as luzes começam a acender pela cidade.
deixo a noite entrar.

trocaram a iluminação no restaurante da frente de casa.
as novas luzes fazem um efeito prismático ao passar pelos vidros da
[minha janela.
o teto de casa ganhou uma nova decoração.

sigo no escuro esperando o caderno de anotações desaparecer aos poucos
e agradecendo a cada momento por não ser um tarsius.
tarsius são primatas pequeninos com olhos gigantes
que os ajudam a ter uma ótima visão noturna
apesar de não possuírem membrana retrorrefletora atrás dos globos
[oculares.

a biologia é mais simples quando não usa termos como tapetum lucidum.

não exergo mais o homem feliz no prédio à frente.
do caderno de anotações quase não vejo mais o contorno.
vejo apenas o homem triste que não desaparece nunca.
por mais escuro que esteja dentro da minha casa.

tem coisas da vida que eu sei cada vez menos.
é tipo um desaprendizado.
a gente não vai sabendo
não vai sabendo
não vai sabendo
até que quando percebe não precisa mais.
gastou um tempo danado sabendo e dessabendo.

por vezes a vida realmente beira o desperdício.

o que me importa saber que em média o cometa halley leva 76 anos
pra passar pela terra se não dou conta de memorizar o intervalo de tempo
do ônibus 7282-10 que passa na rua da consolação?

já fui melhor em jogos de azar.

(e essa é outra coisa que não entendo
se ter sorte é o objetivo principal
o nome nasceu errado)

mais uma ambulância passa e eu nunca sei
quando elas estão cheias ou vazias.
pra mim isso é mais importante do que quando será o próximo cometa.

olhei pela quarta vez o relógio redondo vermelho que tenho na parede
[da sala.

é abril e este é mais um ano em que muitas coisas se resumiram a contas
cálculos
e resultados inexatos.
semanas
dias
e horas de esperas e repetições.

olhei os meses não passarem no calendário.
não vi diferenças na agenda.
números são sempre iguais quando a gente não se soma a nada.

coloco no bolso o papel que veio dentro do biscoito do sorte.
seis dezenas que prometem mudar minha vida
escolhidas por alguém que não sou eu.

desço até o térreo pelo elevador que tem um painel de botões gastos.
aprendi com seu josé que esse painel se chama botoeira.

foi nessa hora que percebi o tempo que gastei da minha vida
aprendendo a chamar de painel
algo que ele nunca foi.

sigo desaprendendo todo dia um pouco mais.

passo pelo mercado sem lembrar se precisava comprar algo.

dobro duas esquinas e entro na lotérica.
uma fila de cinco pessoas. é abril
e este é mais um ano em que muitas coisas se resumiram a contas
cálculos
e resultados inexatos.

minha vez.

puxo o papel do bolso.
de um lado
os números.

                                                  do outro
                                  "aprender é um exercício vitalício".

dou 20 reais pra mulher no caixa.
jogo tudo na frase do biscoito porque nos números não acredito mais.

19 DE ABRIL

antioxidante
anti-inflamatório
analgésico
antialérgico
e uma infinidade de outros benefícios podemos encontrar na cebola.
um legume que faz muito bem pra saúde.
mas também faz a gente chorar.

é incrível como a cebola parece um monte de coisa nessa vida.

cozinhar não é lá uma das minhas melhores habilidades.
cozinhar pra uma pessoa só então
vai muito além de ser habilidade ou paciência.
cozinhar pra uma pessoa só
tem notas de tristeza bem temperada.

limpo o olho
dou um gole no vinho
e sujo o controle da tevê aumentando o som da música.

quando o jantar fica pronto não tenho mais fome.

deixo a panela em cima do fogão e saio pra uma caminhada noturna.
levo comigo uma extensão do ambiente de casa
em dois pequenos componentes eletrônicos intra-auriculares
que se encaixam perfeitamente em minhas orelhas
e emitem som diretamente no meu canal auditivo.

no mundo atual onde tudo é sob medida e sob demanda
não haveria espaço pra procusto e sua mitologia.

(o que de certa forma é contraditório
mas não vamos entrar numa discussão ateniense agora.
nem eu
nem teseu
teríamos tempo pra reviver isso
ainda mais com cabeça cheia de problemas do trabalho)

quando a gente fala desse segmento tendo em vista nosso target de
[campanha
precisamos de um rebrand porque a categoria está saturada
e uma buzina mais eficaz que meu cancelamento de ruído
faz com que eu pare sobre a faixa de pedestre.
olho cheio de razão pro motorista do carro cinza
que no fim das contas tem mais razão que eu.

descasco mais problemas profissionais um a um.

a umidade relativa do ar está baixa demais pra me entristecer com
[facilidade.
repasso tudo do escritório que ainda preciso fazer quando voltar.
meu analgésico pras dores do estresse são sempre uma boa dose de
[caminhada.

chego em casa ainda sem fome.
não há mais no ar os compostos sulfurados liberados pela cebola
que se transformariam em gases
irritando minhas vistas.

mesmo assim choro.

29 DE ABRIL

detalhes são pequenos eventos que não têm hora marcada
não têm data certa
não têm relevância e muitas vezes
têm plateia de uma pessoa só.

no edifício imperial que fica na haddock lobo
dois moradores de apartamentos diferentes
se ajudam com as sacolas pesadas do supermercado pela manhã.

quando ando pela rua sem destino
gosto de reparar nas coisas que mais ninguém repara.
a quina da sombra do prédio encaixa exatamente com a curva que a
                                                                                  [esquina faz.

ainda sobre esse assunto preciso dizer que não fiz convenção
nem convoquei assembléia de votação
simpósio tão pouco mas decidi
por unanimidade
só chamar de esquina uma rua que já dobrei.
antes disso ela é apenas quina.

sempre quis ser um renomeador de detalhes.
novas coisas podem surgir quando olhamos demasiadamente pra coisas
                                                                                          [velhas.

tem uma pichação na parede do cemitério do araçá que diz
amortesalva.
é uma frase que muda diariamente toda vez que releio
dependendo do nível que anda minha tristeza.

o laço de presente
em cima da lixeira.

o quadro de flores
encostado no entulho.

os riscos na tampa do bueiro
levemente desalinhados com os riscos da calçada.

a pessoa que passa assobiando
a música que você gosta.

eu vejo importância nas desimportâncias. esse é meu jeito de andar.
de clichês não gosto não. clichês são detalhes que todo mundo vê.

e você
quando andar pela cidade trate de achar seus próprios cantos.
deixe quietas minhas miudezas
que são as únicas coisas que tenho pra fazer
quando a moça da previsão do tempo diz que
pancadas de chuva só na semana que vem.

6 DE MAIO

teve uma batida de carro na rua de casa.
acordei alguns segundos antes. ouvi a freada.
as pessoas que normalmente gargalham alto até tarde no bar da frente
                                                                      [enfim
silenciaram.

por alguns instantes alternei entre a realidade
e o cavalo que remava pelo rio nilo levando meus amigos de escola
pra uma festa em acapulco.

sonhar é algo que não tenho muita experiência.

ouço uma música tocar longe
e tento identificar se quem tá mais distante
é a festa ou a ambulância que cruza a cidade em algum lugar.

seria muito mais fácil essa hora da madrugada
com baixa incidência de luz
se eu pudesse ser como um morcego e emitir sons de alta frequência
através do meu grande focinho pra rebater em objetos por aí
e descobrir a posição das coisas.

sigo de olhos fechados
ainda pensando como seria minha versão com ecolocalização.

não vou até a janela
mesmo sabendo a exata distância que estou dela.

onde acaba a imaginação e onde começa o sonho?

perto de casa tinha muitas árvores quando eu era pequeno.
perto das crianças tinha muitas casas quando eu era árvore.
perto das árvores tinha muitas crianças quando eu era morada.
hoje ninguém é mais perto de nada.
mesmo sabendo as distâncias aproximadas.

quando foi a última vez que vi o léo?
lembro poucas coisas que a gente tinha em comum
e com certeza
a paixão por bonsai não é uma delas.
miniaturizar coisas não me encanta. gosto do que já é pequeno.
sou uma pessoa de detalhes. mas fabricá-los
jamais.

michelangelo tinha uma visão interessante sobre escultura.
ele dizia que a figura estava presente no material
e o trabalho do escultor era só retirar o excesso de matéria
até que a forma verdadeira se revelasse.
se você reparar bem
e tiver um peito em que caibam detalhes
dá pra usar michelangelo pra muita coisa nessa vida.

fui tirando tudo que o restava em volta de mim
em volta do léo
e em volta da batida.
fui empobrecendo de excessos.
revelando minha verdadeira forma.

sonhei que era um sonar.

8 DE MAIO

passam 12 garrafas plásticas por minuto
no rio que fica em frente à estação vila olímpia. contei enquanto esperava
[o trem.
que demorou 75 garrafas pra chegar.

essa é uma ótima hora pra cruzar a cidade.
passam mais garrafas que gente.
não sou tão bom em matemática como fui um dia
mas sei exatamente quantas vezes fui ao cinema nos últimos anos.
aprendi que filmes têm muito mais a ver com a nossa vida do que livros.
mas nem por isso deixei de ler.

quase coloquei a mão na boca pela sétima vez
e foi aí que lembrei que tô dentro do trem
e por mais que eu esteja com vacinas e vitaminas em dia
a barra de metal que segurei por mais de dez minutos
oferece sérios riscos à saúde de pessoas que não são boas em matemática.

seria demasiada prepotência dizer que cheguei ao meu destino
sendo que eu nem queria ter vindo pra esses lados hoje.

quantas vezes você saiu da cama
pra chegar o mais longe possível dela
e só aí
perceber que você preferia ter ficado lá?

entrego um papel pra mulher que fica atrás do balcão.
ela preenche coisas na tela do computador
me devolve uma caixa de comprimidos.
e assim acontece a fantástica alquimia de transformar papéis em coisas
igual acontece no mercado do lado de casa.

quem é o responsável por dizer
quantas notas de dinheiro compram o que falta na despensa?

médicos estão ocupados demais pensando o que devo tomar pra depressão.

deprimidos estão ocupados demais contando garrafas no rio.

quem é que tem tempo nessa cidade pra precificar as coisas
sendo que todo mundo que conheço odeia matemática?

898 garrafas depois chego em casa.
ou seriam 1356?

11 DE MAIO

olho o copo americano com cerveja pela metade
apoiado sobre a mesa do boteco. são quatro e meia da tarde.

sinto os efeitos do álcool na vista mais lenta.
sinto a ponta dos dedos dormentes e é assim que sempre percebo
quando estou ficando bêbado. outro sinal claro que meu corpo dá
é quando começo a falar sozinho
e isso é muito engraçado porque também falo sozinho quando estou
[sóbrio.
invento embriaguez pra anestesiar o dia. será?

o corpo meio cheio de sonhos ou meio vazio de frustrações.
não sabe como chegar porque não sabe o que busca.
de nada vale o caminho sem destino.
partimos porque cansamos de esperar ou voltamos porque cansamos de
[partir?

não estou mais no boteco.

tem um filme brasileiro que gosto muito chamado
viajo porque preciso volto porque te amo.
josé renato é um geólogo enviado pra realizar uma pesquisa
e precisa atravessar o sertão nordestino com toda sua geografia semi
[desértica
pra avaliar o percurso de um canal que será construído
desviando o único rio da região. mas durante a viagem

percebe que existe alguma coisa em comum entre ele
e os lugares por onde passa.
isolamento e sensação de abandono.

me sinto um personagem de filme andando por são paulo
com sua geografia semi acolhedora.

passo por planícies de pessoas ziguezagueando por rios de automóveis.

o homem com uma placa pendurada no pescoço vende ouro e prata.

o cachorro monta guarda na carroça do rapaz que recolhe papelão
na frente do supermercado.

deve ter mais de vinte anos que não tenho um animal de estimação.
anda tão difícil cuidar da gente.

será que paguei a cerveja antes de sair?

escolho o lado da rua que faz sombra na calçada.
provavelmente não seria a melhor pessoa pra analisar percurso de canal
que vai desviar rio no sertão nordestino.

apesar de gostar da solidão não gosto muito da companhia do sol
mesmo sabendo que vitamina d
é responsável por aumentar a absorção intestinal de magnésio e fosfato.
mesmo sabendo que ela auxilia na formação e manutenção de ossos e
                                                        [dentes.

são poucas as vezes que bebi ultimamente e não tive dores de cabeça.
o corpo insiste em mandar sinais que minha mente não reconhece.
serve pro álcool.
serve pra tantas outras coisas.

me sinto uma planície costeira
atravessado pela ação corrosiva de um mar alcoólico.

dessa vez não inventei embriaguez.
sentei em outro boteco.
preciso lembrar de pagar essa cerveja.

anestesio o dia lembrando do homem com placa vendendo ouro e prata.
se eu saísse por aí hoje
minha placa diria
vende-se sonhos. ainda sem uso.

13 DE MAIO

raros são os dias
que no fim de tarde
o sol bate
rosa na ponta dos prédios.

o fenômeno dura instantes
no horário de pico
e tem pouca audiência
dos passantes.

porque raros são os dias
que pessoas
e cidades
não têm outras prioridades.

16 DE MAIO

tenho tido dor nas costas com uma frequência maior do que gostaria.

o que diria atlas se tivesse que carregar meu mundo?
não diria pra tomar diclofenaco
isso eu tenho certeza que não diria.
tão pouco diria pra eu maneirar na corrida
ou sentar direito na cadeira.
talvez dissesse pra arrumar a postura no sofá
pra não sentar em cima da perna dobrada na sala de cinema.
acho pouco provável
que me recomendasse um tênis específico pra pisada pronada.

o médico acha que tenho um desvio na coluna.
o que seria muito comum pra mim
porque desvios têm sido uma das coisas que mais me acontecem.

larguei meu trabalho
e essa é só mais uma das infinitas vezes que disse
que não voltaria a fazer o que faço
como se eu soubesse fazer uma infinidade de outras coisas.

apesar de viajar com certa frequência
não sou muito fã de sair do mesmo lugar.
vivo na mesma casa há mais de uma década.

você já andou de olhos fechados por onde mora?

como faz pra chegar em napoli saindo de hong kong
se eu mudo de rota com tanta frequência?

nunca aprendi a dançar. meu forte sempre foi o improviso.
e ter que seguir passos cadenciados me atrofia as tentativas.

às vezes sento no chão perto da janela pra tomar um pouco de sol. não
                                                                              [muito.
um pouco é demais. pra muitas coisas.

gosto de me alongar. fico de olhos fechados
esticando o corpo pelo chão
e tenho a sensação de crescimento infinito
como se meus braços pudessem chegar em napoli.
como se eu fosse grande o suficiente pra carregar o mundo.

as costas deram outra fisgada.

24 DE MAIO

estão construindo um prédio na frente de casa
e tenho a sensação que isso está acontecendo há muito mais tempo
do que realmente está.

quantas vezes você ouviu falar do boom imobiliário?
ele nunca acaba ou ele nunca chega?

não entendo como as pessoas costumam dividir o tempo.
todo ano é a mesma coisa. hoje é aniversário do bob dylan de novo.

gasto meu fôlego majoritariamente com exercícios de cárdio.
talvez eu seria um bom tocador de gaita.

tenho uns seis amigos.
isso falando só do meu lado porque não sei se sou amigo deles também.

é maio pelo que disse o taxista.
e taxistas só falam duas coisas nessa vida.
verdades e mentiras.

e apesar de ser maio em volta do poluído rio pinheiros
é possível ver arbustos floridos.
as plantas em são paulo devem ser como eu
que não sabe nada sobre estações.

ainda parado no trânsito lembro que no dia de hoje em 1940
o primeiro voo bem sucedido de um helicóptero foi realizado.
acho que ouvi isso em algum programa de domingo com perguntas e
[respostas
e não sei o que mais me impressiona
se é estar assistindo esse tipo de programa ou lembrar dessa informação
sabendo que memória não é um dos meus principais diferenciais.
em 1940 eu teria chegado aonde preciso.

andar pra frente nem sempre é progredir.

passo por mais uma quantidade curiosa de arbustos coloridos.
acredito que o noticiário esteja dando atenção demais pro boom imobiliário
e atenção de menos pro boom de flores.

26 DE MAIO

vi um pássaro morto alguns passos pra trás.
segui andando com a curiosidade de um pedestre
que não teve tempo de voltar.

pássaros têm medo de altura?
será que morreu antes de cair
ou caiu antes de desvoar?
me pergunto sobre a necessidade de viver tão baixo quando tem um céu
[inteiro
mas desisto por lembrar que procuro problemas na minha vida
antes mesmo de aproveitar as calmarias.

ser pássaro deve ser uma síndrome.

a mesma rua que me intrigou com a ave
me apresenta um buraco no asfalto.
dessa vez não deixo a pressa vencer a curiosidade
olho dentro. e uma porção de jabuticabas realmente me pegou
[desprevenido.

a operação tapa-buracos da prefeitura tem usado novas técnicas
aparentemente mais orgânicas
pra restauro das vias públicas
e não falaram nada no jornal. ainda.

essa é a melhor maneira de preservar o meio ambiente?

entro em colapso
quando imagino voos rasantes em busca de frutas
ocasionando acidentes fatais
que não entrarão nas estatísticas de trânsito.

em são paulo
cada rua é um universo de histórias.
mas anda muito difícil voar.

3 DE JUNHO

desistir é o jeito mais rápido
fácil
e não prazeroso de terminar um objetivo.
desisitir é comigo mesmo. se tem uma coisa que eu faço melhor que
                                                [muita gente
é deixar de fazer o que muita gente não deixaria.

hoje teve um apagão de energia no país inteiro
disse o jornal.
foi nas primeiras horas mas não sei dizer se aconteceu algo por aqui.
acordei mais tarde que o normal.

quando foi a última vez que você assou um bolo?

ainda me pergunto por que não levei a sério meu sonho de ser mágico.
eu era tão bom em enganar pessoas com cartas e truques.
hoje o único enganado sou eu.

olho a forma de bolo abandonada dentro do armário.
apesar de arrependido não vai sair nada de novo.

quando florescem os ipês amarelos?

será que as árvores desistirão algum dia?

9 DE JUNHO

para bram stoker

dia desses eu e a camila estávamos em uma discussão muito séria
sobre o quão ético seria uma pessoa vegana gostar de vampiros.

percebi que sempre me confundo e nunca sei quando usar a palavra ética
e quando usar a palavra moral.

depois disso a gente viu a noite cair no centro da cidade bebendo em
[algum bar.
viu também um grupo de pessoas se beijar.
falamos alto sobre os principais tabus sexuais da humanidade hoje.
mas não pareciam tabus porque ninguém ao redor se importou.

mudei meu cabelo recentemente.
nessa noite algumas pessoas me abordaram pra elogiar
ou fazer alguma pergunta mais técnica
sobre quais os produtos usei pra atingir o resultado
ou quais os compostos sigo usando
pra neutralizar e remover pigmentos de cor indesejada.

fiquei feliz e bastante intrigado.
quando foi que as pessoas passaram a se interessar mais por penteados
do que por tabus sexuais?

mesmo sabendo que john polidori escreveu em 1819
a primeira história de um vampiro chamado lord ruthven
ainda aceito gente falando por aí
que o drácula é o principal personagem da literatura sobre o tema.

voltar pra casa a pé na madrugada é uma coisa que gosto bastante de fazer
apesar de não recomendar.

paro no meio do caminho em algum balcão sujo de uma padaria 24 horas.
olho a vitrine embaçada com os mais variados salgados.

não consigo decidir com a razão.
deixo o meu fígado escolher.
peço uma coxinha vegana.

seria ético uma pessoa não vegana
acabar com a fonte de alimentação de uma pessoa vegana?
(ou seria imoral?) pergunto ao rapaz sentado do meu lado no balcão.
ele me olha com a cara mais estranha do mundo
como se tivesse acabado de ouvir
o maior tabu sexual da humanidade.

depois desse dia não voltei a falar sobre vampiros
e ninguém mais falou do meu cabelo também.

16 DE JUNHO

saí pra correr um pouco mais cedo que de costume.

a temperatura da rua é a mesma das pessoas.
sorrisos gelados a caminho de endereços frios que devem
ter como destino final um escritório.
luzes brancas demais.
elevadores cheios demais.
relações plásticas demais.

esperando o farol abrir
vejo os carros passarem enquanto dou pulinhos engraçados
pra me manter aquecido como um atleta profissional.
não posso deixar meu corpo esfriar como luzes brancas.

— luz verde.

passo por uma árvore quase pelada.
sua roupa colorida espalhada por toda a calçada.
me pego pensando se é outono
e percebo que não sei quando começa
nem quando termina cada estação.

mesmo pisoteadas na calçada as flores ainda exalam seu perfume.
são estúpidas
penso.

deixo pra trás a cena monet suburbano rapidamente

(e quando digo rapidamente lembre-se que
também disse
como um atleta profissional
e isso explica muito mais sobre minha velocidade média durante uma corrida
do que sobre meu entendimento
de lâmpadas fluorescentes tubulares pra escritórios frios)

passo no meio de duas meninas que conversam no portão de entrada
                                                                                    [do parque.
cada uma delas de um lado
segurando na mão apenas uma linda e solitária flor.
atravesso o menor jardim do mundo.

me sinto mais rápido que de costume.
hoje pretendo continuar correndo sem parar.
nunca mais.
melhorar meu tempo até cansar.
esperar os dias passarem.
cruzar com pessoas de temperaturas diferentes.
sentir na pele as estações do ano.
acenar pras janelas dos escritórios. o que vocês estão fazendo aí em cima?
tá um dia lindo aqui embaixo.

parece que quanto mais longe de casa
mais longe das questões desmotivadoras que precisamos enfrentar todos
                                                                                                                            [os dias.

voltei da corrida um pouco mais tarde que de costume.
parecia inverno.

queria entender de estações como entendo de desimportâncias.

19 DE JUNHO

pra regar os olhos

não esquecer de ouvir
who'll stop the rain
novemente
em dia de chuva.

27 DE JUNHO

extrusão discal na quinta vértebra lombar paramediana à esquerda
com fragmento migrado e sinais de conflito severos.
o médico disse que a partir de hoje terei que mudar um pouco minha
[rotina.

é muito estranho a gente se achar tão diferente
de todas as outras pessoas no mundo mas
por dentro de um raio xis
ser praticamente igual aos outros oito bilhões de raios xis
com exceção de alguns que têm extrusão discal.

ser uma pessoa de rotina me faz sofrer
demasiadamente
em qualquer mudança
na mesma intensidade que me adequo às novidades.
e ser uma pessoa
por demais ansiosa
me faz não prestar atenção nas coisas que acontecem em volta.
ansiedade é um problema que chega antes dos outros problemas.

voltando pra casa
mal reparo que o pé de manga que resiste no meio do caos
está com frutas convidativas.

passo direto pelo manobrista do estacionamento que sorri
quando no lugar do volante segura o celular.

ignoro
veementemente
as duas senhorinhas que pegam ônibus todo dia no mesmo lugar e
aparentemente hoje
estão começando uma amizade.

não reparo que o vaso na janela do terceiro andar
passou de quatro pra cinco flores.

ando tão concentrado e preocupado que
nem sequer me irrito com as pessoas fumando
na calçada do instituto do câncer durante o intervalo de visitas
como sempre me irrito.

não percebo que
por mais de dez segundos todos os carros ficaram parados no semáforo
                                        [verde
sem nenhuma buzina tocar.

estou completamente alheio
ao entregador que atravessa a rua com um espelho enorme no ombro
com céu azul no lugar da cabeça.

um dia
sem olhar direito pras coisas banais da vida
é só mais um dia.
não dá pra se acostumar com essa rotina.
o doutor que me desculpe.

lembra quando a gente andou pelos corredores
da loja de materiais de construção procurando um ralo
que coubesse no banheiro da sua casa
e só no fim descobrimos que eles costumam ter medidas padrão no
[mercado?
nesse dia aprendi muito mais sobre paciência do que reforma.

não costumo mais sair com meus amigos com muita frequência
apesar de ter sido uma pessoa de mais frequências.

nem tudo que quebra em casa tem conserto
é uma coisa que precisei me acostumar com o tempo.
copos são os mais prejudicados
depois de mim.

tem um vizinho no prédio da frente que coloca pedaços de fruta na janela
todos os dias
pros passarinhos.
consigo saber a hora pela gritaria que fazem os pedintes.
no fim da tarde meu vizinho de cima chega do trabalho.
brinca com o cachorro que esperou pacientemente
pra ouvir o barulho das chaves.
consigo saber a hora porque ouço as unhas correrem.

posso jogar fora meu relógio.
vou me encaixando na rotina dos outros.

lembra quando você me disse que precisava de férias?
fiquei me perguntando o motivo porque parece que você tá sempre de
[férias.
isso também me fez pensar que quem tá de fora deve achar
que ando sempre de férias.

é duro quando não acontece muita coisa em volta da gente.

não sei se você já ouviu falar de tristão da cunha.
um dos territórios habitados mais remotos do mundo.
com seus aproximadamente 300 habitantes é um ótimo lugar
pra reprodução do albatroz-errante que pode chegar
a mais de três metros e meio de envergadura e isso me faz pensar
como a vida é uma constante desproporcionalidade de coisas.

por que pássaros tão grandes
escolhem 207 quilômetros quadrados?

não sei por que lembrei do arquipélago
mas quando penso na minha vida isolada
me sinto uma ilha de esperança cercado de desilusão por todos os lados.

será que existe alguma loja de materiais de construção em tristão?
o ralo do meu banheiro tá bem velho.

paciência.

6 DE JULHO

queria ter a tranquilidade de melissa
pedindo um carioca com espuma no balcão da cafeteira.
ou dos casais que saem
no domingo à tarde
de dentro dos clubes de dança da terceira idade.

às vezes
acelero minha vida demais
mesmo sabendo que os dias são bem iguais
na maior parte dos entardeceres.

metade do ano se foi
e a nova metade promete
ser apenas uma parte dois.
com a diferença que talvez
eu não encontre outra página de poesia dobrada no banco do metrô.

11 DE JULHO

moro bem perto de um cemitério e algumas vezes
tirei parte da tarde pra andar por lá.
quando você não é uma pessoa religiosa
se torna um pouco engraçado caminhar em meio a um jardim de ossos.
                                                                       [porém
me desculpem os acreditadores.
ando por lá por causa da calma.
é diferente de pensar em casa.
a solidão é uma música que toca no silêncio. e mesmo assim
faz muito barulho.

três coveiros conversam sobre amenidades.
talvez hoje não tenha morrido ninguém.

no ponto que fica em frente
uma mulher divide a atenção entre o ônibus que ainda não dobrou a rua
e o filho que brinca com uma mancha de óleo numa poça d'água.

você já reparou como são bonitas as coisas com cores iridescentes?

um helicóptero barulhento
parando em cima do hospital desvia minha atenção e
perco o exato momento em que o arco-íris foi espalhado pelo pequeno
                                                                        [tênis azul.

é triste saber que a maioria das pessoas
está pouco se importando com uma morte aleatória
principalmente quando esse morto aleatório pode ser você.

o senhor sentando no bar folheando um jornal
dobra o coderno de economia e pula direto pro caderno de entretenimento.
com certeza aquele senhor faz parte da maioria.

quatro voltas depois no quarteirão do cemitério
sou capaz de imaginar um redemoinho.
mesmo sabendo que ao subir e descer as marés são capazes
de produzirem correntes circulares e
que turbilhões são bem mais comuns em mar aberto
do que ao redor de jardins de ossos. sinto as ideias derreterem.
tudo vai escoando pra extinção.

uma tarde inteirinha sepultada.

12 DE JULHO

essa manhã saiu mais um foguete em direção a marte.

vendo as imagens que os foguetes anteriores mandaram é tipo uma praia
só que sem água.
os grãos de areia caem da mão em câmera lenta. acho.
é vermelho. vermelho como a terra no sítio do tio ed.
só que não tem o pomar.
é grande. dava pra ter muitos pomares.
dava pra colocar uma piscina ali. congelada. ninguém ia nadar.
então eu colocaria uma churrasqueira. e como não tem oxigênio
a churrasqueira não ia acender.
ia ficar apagada igual o fogão da vó dolores
quando ela não queria fazer bolo de fubá.

quando foi a última vez que entrei numa piscina?

tá tudo meio lento hoje de manhã.
não sei se é a gravidade da notícia
ou a força g da minha cama.
a vida toda na verdade podia passar mais devagar também.
imagina a vó andando igual os grãos vermelhos.
imagina a praia dentro da casa.
quanta tecnologia o futuro trouxe pra gente e ainda assim
não podemos visitar o passado.
ficam só lembranças que
diferentemente do formato da bota do astronauta
vão se apagar.

(e aqui posso estar cometendo um grave erro físico porque
se a atmosfera de marte for parecida em algum grau com a atmosfera da lua
o astronauta não terá então problemas com lembranças)

há quantos passos ele taria de casa?
ou do sítio?

conhecendo a vó dolores como eu conhecia
ela ia ficar puta com a casa toda suja de vermelho.

quase sete mil quilômetros de diâmetro e não tem um pomar.

sento na privada porque meu intestino matinal faz lançamentos cronometrados.

o repórter continua falando sobre o foguete mas me perco pensando
se as lágrimas de saudade do astronauta
caem em câmera lenta fora do capacete.

mesmo sabendo
que ele pode não ter problemas com desaparecimento de pegadas.

13 DE JULHO

comprando agora você ainda aproveita a promoção do mês.

e você não pensou em contar pra sua esposa em nenhum momento?

pra mim é um absurdo o cartão vermelho num lance desse.

a nasa fez hoje a primeira chamada com a tripulação.

passando pelos canais da tevê me pergunto se
philo farnsworth imaginava que uma das maiores utilidades de sua
                                                                   [invenção seria
zapear.

até porque é de concordância de todos que
a segunda maior utilidade do sistema eletrônico de reprodução audiovisual
que funciona a partir da análise e conversão de ondas eletromagnéticas
em luz e som
é fazer companhia pra pessoas solitárias.

comprei um livro faz muito tempo e acho que esqueceram de entregar.

gosto de frequentar sebos
brechós e outras máquinas do tempo.
não sei de onde tirei a ideia de comprar um livro pela internet.

olho pras paredes brancas que parecem folhas brancas de um branco
[literário.
à noite não.
à noite as paredes negras parecerão folhas negras de uma insônia literal.

existe insônia durante o dia?
taí uma pergunta que vou fazer ao ceará
da próxima vez que for comer uma coxinha no bh.

dois litros de água por dia é o que recomenda um monte de gente por aí
inclusive meu pai.
tanto líquido assim é importante pra auxiliar na desintoxicação do corpo
através do choro
e ninguém me convence do contrário.

voltamos a apresentar a vida como ela é.

diria nelson rodrigues se tivesse um programa
pra falar exclusivamente
de todos os nadas que acontecem comigo.

é uma merda
uma vida sem muita audiência
né?

francisco voa pelo ar como um cisco. poeira.
não sei quantos amigos se foram esse ano.
aviões deveriam ser mais difíceis de pegar. se pudéssemos
sumir com santos dumont da história
muitas coisas dariam pra evitar.

o andré caiu de bicicleta.

infelizmente isso não tem nada a ver
com aeronaves de propulsão a motor cuja sustentação no ar
é assegurada por meio de asas.

hoje teve uma feira de artesanato perto do terminal rodoviário
num quintal que deixou de ser estacionamento de carros
nos próximos três dias. barracas bem balizadas param o trânsito de
                                                        [visitantes
que se espremem
ora com a mão numa porcelana torta e conceitual
ora com a mão num pôster com tinta extraída de algum composto
                                                [orgânico atual.

diego disse que levou dois dias pra fazer a iemanjá
e sei lá mais quanto tempo pra pintar. achei simpático
na barraca do lado da orixá
existirem vários barcos pra decoração.

de coração
as sutilezas da vida são bem mais bonitas de observar.

as pessoas levam pra casa sacolas e mais sacolas.
não sou desses de comprar muitas coisas por aí
porque se a idade me ensinou uma lição
é que tudo que acumula pó
acumula também lembranças
e lembranças são mais difíceis de limpar.

tenho em casa o necessário
pra passar uma vida inteira de mediocridade.
nem demais
nem de menos.

preciso
inclusive
saber quem vai ocupar o lugar do francisco.

25 DE JULHO

tem uma senhora avisando todo mundo
pra tomar cuidado com o cocô do cachorro que tá ali na frente.
mesmo não achando o tal fragmento
passo a incriminar mentalmente
todos os cães que cruzo até a pastelaria.

os preços subiram muito desde a última vez que fui numa feira.

aquele prédio é do artacho jurado.
ouço a conversa do homem-bauru e da mulher-frango com catupiry
como se não conhecesse o arquiteto.

pode colocar alguns milhões aí.

nessa hora dou risada
porque imagino que ele pode tá falando do preço do metro quadrado
de uma das regiões mais caras da capital paulistana
ou do preço dos pasteis.

se tem uma coisa que valorizo em construções são os cantos.
nada me cativa mais do que o pedaço onde as coisas acabam e se
                                        [encontram.
é de uma maestria invejável saber acabar com algo.

sempre tive problemas com meus próprios fins.

escadas seriam as mais belas invenções da humanidade
fossem feitas de lado
pra gente não ter que botar as mãos nos joelhos depois de subir.

fumantes devem ser pessoas que odeiam arquitetos de escadas.

não gosto de fumaça. me sinto dentro de um pequeno incêndio
apesar de só ter visto incêndios de fora.

ontem à noite tinha um cara dançando sozinho na plataforma do metrô.

com fones de ouvido ninguém ouviria a senhora do cocô
ou a conversa sobre arquitetura.
mas tendo a achar que pessoas com fones de ouvido
sobem escadas com menos sofrimento.

há de se averiguar quantos ouvintes também são fumantes.

5 DE AGOSTO

tem uma quantidade absurda de andorinhas voando hoje
querendo desregular as estações do ano.
se vão ter sucesso só o tempo vai dizer.
mas não é todo dia que você ouve falar de andorinhas
fora do ditado popular
não é mesmo?

o ipê que tem perto de casa está ficando amarelo
e isso só pode ser sinal de duas coisas
que em breve vão colocar o papai noel inflável em frente a loja de
　　　　　　　　　　　　　　　　　　　　　　　　[luminárias ou
que estou andando pelas ruas de tiradentes.

é tão bom poder se teletransportar.

eu teria tapetes em casa se o mundo tivesse um pouco menos de pó.

não é de se surpreender quando você descobre que a antártida e o ártico
também são desertos?
e que o saara
com seus mais de octilhões de grãos de areia não ocupa a primeira
　　　　　　　　　　　　　　　　　　　　　　　　　　　[posição?

fica tão insignificante o pó do tapete depois dessa informação.

o tempo virou completamente.
a chuva esfria janelas pelo bairro.

nessa hora a argélia só queria ser um pouco mais perto da avenida
[angélica. porém
ortografia não faz milagres geográficos.

talvez os passáros soubessem que hoje ia chover mais que no egito.
o campo de dunas arenosas passa por marrocos nesse momento.

nunca decorei se é o camelo-árabe ou o camelo-bactriano
que tem duas corcovas.

quanta coisa a gente é capaz de pensar só de observar andorinhas.

9 DE AGOSTO

um senhor sai sorrindo da igreja ao meio dia.
nem sempre se vê sorrisos assim com tanta frequência.

me coloca por segundos em xeque sobre a espiritualidade e sua real
[existência.
o homem ficou vazio de problemas.
sua alma agora flutua. é o que parece.

por milésimos de segundos
acho que nada de ruim aconteceu no mundo.
o problema é que milésimos de segundos passam rápido demais.
o tempo.
sempre o tempo será o problema. afinal
as pessoas não têm mais solução.

mas ainda existe dois tipos de gente que quando você encontra
precisa manter o mais perto possível:
as que sorriem de verdade sem terem saído de uma igreja
e as que gostam de ver um bom filme de terror.
essas duas espécies andam em falta.

não é sempre que venho pra esses lados da cidade.
prova disso que desconheço a vizinhança.

um passarinho sentou na placa de permitido estacionar.
até olhei em volta pra ver se tinha algum outro nas placas de proibido.
não achei. vai ver aqui é normal.

vai ver as vibrações de sorrisos religiosos das doze horas
costumam gerar regiões de compressão e rarefação dos gases atmosféricos
se intercalando por aí e desembocando em anomalias genorosas
e não apenas sonoras.

se roy andersson tivesse visto essa cena ao invés do quadro de pieter
[bruegel
talvez tivesse feito um filme pior do que
um pombo pousou num galho refletindo sobre a existência.

preciso aumentar o número de visitas a museus no ano que vem.
mas não posso colocar isso como meta. jamais.
metas são listas que a gente faz pra saber tudo aquilo que deixamos de
[fazer.

já pensou um mundo onde param de ir nas exposições
deixam de lado o teatro
abandonam os cinemas
e só falam de religiões?

que terror.

11 DE AGOSTO

na rua que desce até a lavanderia
sai todo dia
uma fumaça do bueiro em frente ao prédio bege.

não conheço o odor das fumaças que anuviam as ruas de nova iorque
mas tenho a sensação de que
basta uma palavra em inglês
ao redor do bafo na rua angélica
e eu estaria nos estados unidos.

ainda não inventaram uma máquina de teletransporte melhor que o cheiro.

talvez cientistas
sejam pessoas que não gostam de poesia
e ficam buscando explicações técnicas
pra todas as coisas inúteis que um poema já achou solução.

preciso escolher novos trajetos pra levar o edredon.
não está valendo a pena cruzar nova iorque inteira
só pelo perfume da lavanderia.

14 DE AGOSTO

tenho no braço a pulseira que diz meu nome
minha idade e diz também atendimento prioritário.

mesmo assim espero sentando na cadeira da sala azul mais de 40 minutos
o que faz todo sentido do mundo
caso contrário as antessalas das salas onde os médicos te aguardam
não se chamariam salas de espera.

diferente do rato-toupeira-pelado que é imune a muitos tipos de dores
doenças e praticamente não envelhece
cá estou eu dando credibilidade à lei de gompertz.

não sei o que sinto
porque quando sinto
sinto exageradamente.
sou balança descalibrada.

é madrugada quando chego em casa.
a hora que as luzes costumam escorregar pra fora das janelas.

gosto de festas e frestas.
gosto de coisas que me convidam pra entrar.

39 graus. começo a imaginar coisas. chihiro eternamente a viajar.
passa uma nuvem
um cometa com passageiros

e aqui na cama espero a vida passar.
dou sinal. ela para
entro sem fazer ideia de onde vou descer.

não é uma noite fácil.
como não são fáceis as noites
em que estamos sem dançar.
pelo menos a roupa de cama cheira a amaciante e isso me acolhe.

ser abraçado pela própria casa tem um incrível poder terapêutico.

sonho com o céu na cor do hospital.
as paredes entram em meus olhos. pintam minha alma de azul
que escorre salgada pra fora do corpo e toca a língua
que no sonho serve apenas pra adestrar unicórnios.

é agosto
com um sabor ruim.

15 DE AGOSTO

pela janela que a música
usa de trampolim até a rua
muitas folhas se debruçam pra fora do prédio.
é como se as plantas
fizessem serenata na sacada.

o caminho até a drogaria
pode ter uma péssima causa
mas tem um lindo trajeto.

21 E 22 DE AGOSTO

acordei com vontade de ouvir talking heads.
ontem meu maior problema
era descobrir quem decidiu que as ruas descem pelo lado direito. hoje não.
hoje tenho outras perguntas.

quem dera o dia tivesse um momento de silêncio como a noite
tem. sons atropelados
que não respeitam a via de mão dupla
e vêm pelos dois lados.

assumo uma sucessão de eventos aleatórios
durante o dia
que me levam a decisões esquizofrênicas até a noite.

resgatando aqui na lembrança acho que nunca passei na frente de um
[manicômio.

psycho killer veja bem
que assim de cara
não sou de misturar bebidas mas depois de algumas doses
veja bem. o menino de cabelo comprido
me disse que nunca tinha feito um pudim na vida
e que tentar pela primeira vez é sempre importante mesmo que tudo
[dê errado.
no fundo a gente sabia que a conversa não era sobre pudins e afins.

alguém colocou gilberto gil depois de jorge ben.
veja bem.
se eles tivessem nessa festa teriam se abraçado nesse momento.
o casal do meu lado com roupas de estampas parecidas fazem mais pela mpb do que você pode imaginar.

quando foi a última vez que você saiu de chinelo pra ir dançar?

passa das quatro da manhã quando volto pra casa.
paro na recepção do prédio
olho em volta e penso
isso ninguém nos tirará.
uma perspectiva só nossa sobre escadas e elevadores.

talking heads não me passa mais pela cabeça.

27 DE AGOSTO

você já viu
como ficam bonitos os reflexos dos prédios
nos tetos dos carros?

a cidade faz balé sobre a tinta automotiva
à base de pó de pérola e mica.

arquitetura distorcida
como o som do bombeiro que se distancia.

minha carteira de habilitação tá vencida
faz anos
que não vejo são paulo pelo banco do motorista.

1 DE SETEMBRO

marcela gosta de assistir programas de reforma na tevê
mesmo estando com a vida toda bagunçada.
com muita frequência a gente fala sobre essa contradição
apesar de certa relutância em um acordo unânime.

lembro das nossas conversas toda vez que passo em frente às lojas de
[móveis
na teodoro sampaio
e me pergunto qual é a rua que vende sofás em milão
caso você queira decorar sua casa temporária.

o ônibus 7411 sentido largo do pátio do colégio
passa direto e deixa boa parte das pessoas que esperam
com um risco molhado na metade das pernas.
a água da poça que estava logo à frente do ponto ainda vibra ao som de
[cidade
e reclamações.

faz alguns dias que cruzo com uma barata morta no corredor do meu prédio
e nunca sei se é a mesma barata
ou se está realmente morta.

não cheguei em casa mas me reservo o direito
de refletir sobre a existência do inseto.

a barata de schrödinger.

marcela gostaria da teoria. sei disso
só por imaginar o sorriso bussolar com o canto esquerdo da boca
querendo apontar
pra noroeste.

me faltam outras pessoas por perto pra discutir teses aleatórias.

invejo as crianças que dividem nesse momento
três balanços na praça
tentando decidir qual é o melhor superpoder.
minha vida não está bagunçada
não posso dizer o mesmo da minha casa.
seis semanas e setenta e cinco mil dólares.
diria o apresentador do programa de reformas pra me ajudar.

2 DE SETEMBRO

tenho na parede um relógio vermelho redondo que não gira.

lá fora foi dia
noite
dia
noite
milhares de vezes.
aqui dentro mau tempo.

a luz da geladeira nunca mudou de intensidade.
você sabe qual a vida útil de uma luz de refrigerador?

o controle da tevê só tem gasto o botão do ligar e desligar.

o barulho da rua virou paisagem pra mim.
é de tarde de novo e o relógio nada.

(ou será madrugada?)

quem ainda tem calendário de papel?

as pessoas se importam tanto assim com o tempo?

preciso trocar de colchão
ou mudar o lado de dormir.

há buracos em cada escolha que venho fazendo.

vi que vai chover amanhã
ou ontem.
sei lá.
essas coisas que vêm do céu muitas vezes são difíceis de acreditar.

se deus existisse também desconfiaria.

não faço nada pra mudar minha rotina.
é um eclipse de decisões.

descobri que um relógio parado diz muito mais sobre a vida
do que sobre o tempo.

4 DE SETEMBRO

se puxar assim de memória
não lembro do meu fogão ter parado de funcionar alguma vez.
fogões costumam quebrar com uma frequência bem baixa
você não acha?

tenho uma gaveta lotada de lâmpadas novas
e não faço a mínima ideia de quando comprei tantas lâmpadas assim.
seja ela um símbolo de novas ideias
meu armário anda mais inspirado que eu.

gosto de ficar no escuro apesar de tudo.
é reconfortante ver as luzes da cidade passarem pelo teto de casa.
platão escreveria o mito do apartamento 72
se fosse nos dias atuais.

saio menos do que gostaria mesmo as festas insistindo em melhorar.

perdi muitos bares nos últimos tempos.
bem como outros cantos e lugares espalhados pela cidade
que deixaram de existir.
ainda insisto nos que sobraram.

partes de mim são apegos.
outras partes são contrários.
é isso que sou
polos. dentro de mim cabem mundos.
cada homem é uma raça diria mia couto.

mesmo que fora de mim só reste uma caverna essa noite.
sigo sentado olhando minhas sombras
porque não quero mesmo me virar. além do mais
vou aproveitar que entre os eletrodomésticos
o fogão segue uma lógica própria de funcionamento sem interrupção
e esquentar uma bolsa térmica.
minhas costas voltaram a doer.

morreu um ator essa semana.
semana passada também.

tem muita gente morrendo este ano.

não tenho ninguém por perto que virou pai ou mãe recentemente.
quanto tempo levaria pro mundo acabar
se a taxa de natalidade e mortalidade
seguissem a lógica do meu círculo de amizade?

trocaram alguns ônibus da frota que faz o corredor na nove de julho.
as letras que acompanham os novos modelos
escrevem na lateral que aqueles são ecológicos.
há controvérsias
porque na verdade é a avenida 23 de maio que está mais verde agora
em setembro.

tô saindo devo chegar em 20 minutos.
a frase desce pela rua a toda velocidade em cima de uma bicicleta.

levaram o celular da menina.

pessoas se aglomeram em volta como um ato de consolação.
lembro da gota de mel
que ficou esquecida lá em casa no chão.
um formigueiro de gente.

a secretaria de transporte da cidade
enganou mais uma vez a população.
o menino de bicicleta
a arborização das avenidas principais
e o número de mortes de profissionais das artes cênicas
estão indo muito mais rápido
que os veículos motorizados terrestres designados ao transporte de
[passageiros.

13 DE SETEMBRO

hoje não almocei sozinho.
não sei se é muito comum encontrar pessoas em calendários ímpares.

quantos barcos costumam partir às doze horas
em dias que se almoça com amigos?

das poucas experiências que tive navegando
levei quase nada.
a única gratificação que tive foi saber que dentro de um navio
sempre estamos ao nível do mar. e que
um metro e noventa e um centímetro pra cima
não existe mais eu.

fabiano contou tudo sobre seu final de semana de pescaria
e eu só conseguia imaginar como seria uma pesca invertida.
anzóis ao ar.
pássaros caçando mariposas que levam presa à bunda
uma fundição de poliamida e sua extrusão no formato de um fio.

a invenção da fibra de náilon em 1938 revolucionou mesmo o universo
[da pesca
apesar de não ter feito nada pelo conforto pélvico das mariposas.

passo por muitas placas de aluga-se.
cada rua é uma encosta
com vários espaços pra atracar. moro há mais de dez anos
no mesmo lugar. me sinto à deriva.

beatrice tem um sorriso gigante. o porto mais bonito que um rosto pode
[suportar.
na próxima rua a gente vai se separar.
não sei se beatrice também reparou nas diversas placas ao longo da
[caminhada.

em velocidade de cruzeiro sigo sozinho.

perto de casa
percebo que somos sempre pescadores tentando fisgar uma história nova
pra contar no almoço de dias ímpares
com amigos que quase nunca têm algo novo pra acrescentar.

se eu fosse um barco
ia visitar a carol em lisboa.

silenciosamente
o carro vermelho do resgate para em frente a floricultura.
não tem sirene ligada
nem luzes acesas.

apesar de ser muito mais comum
ver socorristas instalando colares cervicais
que têm a principal finalidade de proteger a coluna de compressão
o enfermeiro volta da loja segurando um pequeno arranjo de flores.

tantas histórias se tornam possíveis a partir daí.

17 DE SETEMBRO

você sabe quem é ana luíza
que tem o nome tatuado no braço esquerdo do morador de rua
que dorme em frente à churrascaria na augusta?

odeio deixar histórias pra trás.

meu caminho não passa pela paulista
mas passo por lá porque gosto de andar.

um passeador de cachorros é uma pessoa que busca dinheiro extra
ou alguém que ama animais
mas não tem paciência pra ter seus próprios bichos?
talvez eu seria um bom passeador de cachorros e o motivo ainda não
[decidi.

não se engane com o luminoso do posto de gasolina aceso
a cidade ainda não escureceu.
os postes seguem apagados e os cartazes do festival de música
do próximo final de semana seguem apegados.

se você reparar bem vai perceber que os muros da cidade dizem muitas
[coisas. apesar de
nenhum deles saber o motivo da arte permanente
feita na pele humana por meio da aplicação subcutânea
obtida através da introdução de pigmentos por agulhas.

quem é ana luíza?

porém já recebi muitas outras respostas pelas ruas da região.

diferente do que dizem os aconselhadores de postura corporal
nem pra baixo nem pra frente
se um dia eu ministrasse uma palestra sobre o assunto
(e você fosse até a palestra)
diria pra olhar mais pros lados.

23 DE SETEMBRO

nessa época do ano
o sol passa exatamente entre um vão horizontal que duas colunas fazem
em cima do prédio que fica lá no fim da avenida.
é um evento astronômico que se repete pouquíssimas vezes
antes da rotação e a translação do sistema solar se encarregarem
de desalinhar a paisagem.
não dá pra saber exatamente os dias. porque
tirando a organização métrica de precisão solar e colunar
o resto do ano é muito parecido.
não tem equinócio que consegue mudar essa sensação.

olhando banalidades pela vista do quarto aqui de casa
aprendi bastante sobre poesias
e quase nada sobre o ciclo hidrológico
que cria condições perfeitas pra vida na terra.

apesar das duas coisas serem muito parecidas.

perto do mercado municipal
tem uma relojoaria onde cada relógio marca um horário diferente.
me questiono sobre a credibilidade de um estabelecimento assim
como se eu soubesse a hora exata do mundo.

como se a hora exata do homem com paletó risca de giz
chegar na reunião do décimo quarto andar
não fosse definida por convenção a partir de greenwich.

como se a hora errada que o ônibus sai do terminal
no fim das contas não seria a hora certa.
não fossem as linhas verticais imaginárias
que dividem a superfície terrestre a partir do meridiano de longitude zero.

se são imaginárias me pergunto também
porque não podemos colocar as linhas onde bem entendermos?

teria o mundo mais respostas se colocássemos mais interrogações nas
[coisas?

trago o amor de volta em sete dias*(?)*
diz o cartaz ao lado da senhora que vende pano de prato no cruzamento.

não lavei a louça antes de sair
e o que agrava a situação organizacional e higiênica da minha cozinha é
o fato de que não volto hoje pra casa.

23°34'01.6" ao sul e 46°41'36.4" pro oeste.
sei exatamente onde estou
mas não faço ideia de onde quero chegar.

5 DE OUTUBRO

essa noite sonhei que furava balões.
no sonho meus dedos eram agulhas.
mas eram agulhas macias e
mesmo sendo agulhas macias faziam perfeitamente seu trabalho.

por mais entranho que parecesse
não existia nada que eu não conseguisse encostar.
tudo no sonho era inflável. cada objeto que eu via.
cada coisa no mundo tinha o formato aconchegante de uma bexiga.

e as agulhas
mesmo macias
ainda seguiam fazendo perfeitamente seu trabalho.
todas as coisas que eu encostava
furavam. vazavam. mas não diminuíam.
essa era a parte mais curiosa. tudo murchava sem murchar.

o mundo seguia sua forma.
eu era midas sem poder nenhum.
por mais indelicado que eu fosse
por mais desajeitado que eu parecesse
o mundo me recebia. me acariciava dizendo que eu não faria mal algum.

que eu seguisse com minhas mãos
tentando achar um jeito de repousar.

passei mais de meia hora vendo a fresta de sol caminhar pela parede.

costumo questionar muito a vida e exigir explicações da minha cabeça
ainda nas primeiras horas do dia. talvez o pior momento.
mas nunca vi nenhum estudo científico de revista alemã sobre o assunto.

passo a noite num filtro de café.

continuo esperando as gotas de sol pingarem pelos furos da janela.
o gosto de um novo dia é sempre amargo
pra quem não compra açúcar há um tempão.

o dia amanhece com a cor do filtro usado.

você joga a borra fora ou guarda pra colocar nas plantas?
eu nunca sei qual o melhor jeito de se livrar de um café.

poucas pessoas sabem que midas também ganhou orelhas de burro.
a vida não é só ouro e riquezas.

seguro o copo que um dia foi xícara. não tem mais a alça.

a cozinha toda assume um tom dourado.
coloco a mão na minha orelha
tudo normal. olho a ponta dos meus dedos
tudo normal. ouço alguém jogar fora
no cesto de lixo no corredor do prédio

as garrafas de vinho que alimentaram as conversas de ontem.
como normalmente.

a rotina me acordou.

9 DE OUTUBRO

não é triste quando
por um instante
lembramos
que baleias não conseguem tocar piano?

hoje faz um calor improvisado
porque li em algum lugar que a semana seria de frio intenso
e li também que os nascidos no dia de hoje são do signo de libra
acreditam na sorte
são positivos e otimistas.

alguns biólogos explicam a estivação
como o estado de letargia induzida em animais por calor seco excessivo.
hibernar no quente seria a forma mais rápida de explicar.

sobreviver
não é uma das melhores coisas que os seres vivos fazem no mundo.

faz tanto calor que uma senhora passa por mim
com o guarda-chuva aberto
imaginando gotas geladas a refrescarem a realidade.

devia ser muito bom andar pela cidade de cabeça baixa a observer sombras
antes da física descobrir o processo de colisão entre dois corpos
inicialmente livres
tendo como consequência a alteração do estado final de velocidade.

qual é o exato momento que a sombra se desprende da gente?

será nessa hora que nossa alma solar se ausenta?

não confio em horóscopo mas
librianos com certeza são pessoas que ainda acreditam que um dia
as baleias aprenderão a tocar piano.

16 DE OUTUBRO

em dias molhados como hoje
vivo sensações muito contraditórias entre:
apenas ouvir o barulho da chuva
na melhor ausência de luz que um cobertor pode proporcionar e
sentar na calçada olhando pra todos os reflexos que o asfalto consegue
                                                                     [entregar.

a vida é muito surpreendente
quando nada acontece.

quantos pensamentos não nascem
enquanto pessoas aguardam pra atravessar?
na mesma faixa de pedestre que sempre atropelam alguém aqui perto.

você também não acha que a palavra saracotear anda em desuso?
até a palavra desuso anda em desusança.
quando foi a última vez que você viu alguém saracoteando por aí?
e pior que não deve ser culpa das pessoas e sim do verbo.

vejo o reflexo de um senhor escorregar no chão brilhante.
não sei se caiu o homem ou se balançou a poça.

tem uma planta nascendo na rachadura do prédio que sobe a minha frente.
se estica pra aproveitar cada prestação de chuva que desce.
definitivamente preferiu não ficar sob o cobertor.

plantas
mesmo imóveis
são menos preguiçosas que eu.

é quase impossível chegar ao outro lado da cidade
em condições meteorológicas assim
com gotas saracoteando por aí.

saí da cama a desbravar
velhos verbos
e novas reflexões.

23 DE OUTUBRO

não é todo dia
que as redes de proteção se desprendem dos prédios em construção
e dançam soltas em câmera lenta pelo céu da cidade.
nunca deixe de olhar por tempo indeterminado quando isso acontecer.

existem poucas oportunidades na vida de ver poesia no cotidiano
e observar pelicanos descansar
é outra delas.

tirar os olhos do chão
olhar pra cima e só depois descobrir que existia o sonho de voar.

infelizmente as pessoas de cabeça baixa são mais fáceis de encontrar.

onde hoje sobe esse prédio
há alguns anos era meu bar favorito.

a cada rua que passo perto de casa
uma montanha-russa de ex-lugares.

no caminho até a loja de produtos naturais tento encontrar mais um
                                        [futuro ex-canto.

se todo prédio novo tivesse redes-bailarinas
seria um pouco mais fácil de perdoar.

do outro lado da rua
uma cortina se joga pra fora da janela com o sonho de ser bolshoi.

tento andar com a cabeça erguida
mesmo em dias que escolhi sair com o melhor sapato.
mesmo em dias que certamente não verei pássaros de bico longo
e uma grande bolsa na garganta
utilizada pra capturar presas.

o segurança na frente do pronto-socorro
olha hipnotizado a mesma cena que eu.
deve pensar que quando os sonhos se misturam com a realidade
o céu vira um chão gostoso de pisar.

24 DE OUTUBRO

o movimento provocado pela temperatura das moléculas
é suficiente pra vencer a tensão superficial das substâncias líquidas
e atingir o processo de evaporação.
o ar úmido da roupa colorida secando no varal chega ao céu cinza.
uma mistura de afronta cromática e química básica.
são paulo tem tanto disso espalhado por aí.

(talvez mais de afronta que de química)

andar por áreas horizontais longe de prédios
deixa à mostra tudo que é possível conhecer na metrópole sem torcicolo.

algumas paredes levam tintas desbotadas relembrando o fracasso passado
de mais uma copa.

passo pelo bairro sem fazer ideia pra qual tipo de árvore estou olhando e lembro
como é botanicamente enriquecedor caminhar com minha mãe
que nunca pisou numa faculdade de biologia mas dispara
(como se fossem caroços de laranja cuspidos no gramado do quintal)
os nomes de todas as plantas que cruzamos no caminho.

acredito que não estejamos nem perto de inventar a máquina de viagem
                                        [no tempo
mas caminhar por alguns lugares tem quase a mesma eficácia
quando você tem sensibilidade pra lembranças.

roupas nos olhos prontas pra evaporar.

2 DE NOVEMBRO

tiraram os ponteiros do relógio que fica na rua ali do centro
perto do largo do café.

tinha um bom tempo que eu não passava durante o dia por aqui.
não posso dizer o mesmo da noite.

saí pelo lado errado da estação.

um pôster metade colado   metade balançando
com a corrente de ar
diz que um show de metal aconteceu semana passada.

essas coisas não saem no jornal. ninguém comenta em horário nobre
que um pôster segue trabalhando meio período.

não lembrava de ter tantos aparelhos de ar condicionado
tentando pular dos prédios.

divido meu pacote de pão de queijo com uma família que mora em
                                        [frente à igreja
e por um instante
a multiplicação dos pães não parecia invenção.

atravesso a praça no meio de um bando de pombos
e isso me lembra que estou na altura do chão.

um trovão se mistura com o grito do homem que bate numa bíblia
mas não deu um pão sequer por aí.

aperto o passo porque não trouxe guarda-chuva
e quantas vezes você viu
dois estranhos dividindo um desses?

se você treinar os ouvidos conseguirá perceber
que toda máquina de lavar faz um som bem particular.
pelo menos as de bairro.
as do centro já não sei.

7 DE NOVEMBRO

o problema é o pó que acumula sobre os objetos
sobre as relações
e projetos.
o pó que acumula quando a gente não se mexe.
quando a gente não mexe as coisas.
embaixo do pó ainda existe uma infinitude de possibilidades.
mas o problema é o pó.

acabei de fazer uma consulta por vídeo.
o médico não sabe o meu cheiro real.
não sabe a cor real da minha pele.
a temperatura do meu corpo.
nem o timbre da minha voz. mas disse saber o que eu tinha.

na farmácia que costumo frequentar

(sei que a palavra costumo passou a impressão que vivo doente
ou que sou hipocondríaco
mas apesar de ter muitos casos assim na família
tenho um sério problema em aceitar hereditariedades)

o menino que me atende é quase sempre o mesmo
e me sinto tão bem tratado que costumo voltar lá sem nem ter o que
[comprar.
mas não é exclusividade da farmácia porque tenho voltado muitas vezes
em outros lugares pelo simples fato de ser bem tratado.

vivemos momentos tão difíceis que ao menor sinal de amor
retribua
diria um poeta amigo meu.

no caminho de casa passo por uma escola que é cercada por muros e
[grades.
excepcionalmente hoje
as crianças estavam na calçada acompanhadas das professoras
escrevendo algo com fitas e barbantes como se fosse um grande bordado
[urbano.
pensei em esperar pra ver o que seria escrito
mas lembrei que preciso me mexer porque tenho tido um sério problema
[com pó.
ficar parado não é o melhor remédio
diria sorrindo o menino de jaleco branco e crachá no peito.

quando foi que as crianças começaram a levar lápis
caneta
borracha
caderno
e faca pras escolas?
ainda não sai da minha cabeça o massacre que passou na tevê outro dia.

chego em casa sem nenhum remédio e com a garganta ainda coçando.
hoje não é dia de faxina e mesmo assim insisto.
enquanto o equipamento pneumático destinado a captura de partículas
[sólidas

faz seu trabalho filtrando impurezas e liberando ar puro do outro lado
sigo tossindo.

o médico não faz ideia do acontece aqui em casa depois que desligo a
[câmera.
por mais que a tecnologia avance pra nos aproximar das soluções
ela não é moderna o suficiente pra nos afastar de nossas próprias barreiras.

ser sociável e ao mesmo tempo calado em excesso
faz de mim um ser humano muito difícil de conviver.
tenho certeza absoluta que não herdei isso da minha mãe
(e o motivo já disse) porém
ser teimoso também é um traço de família
e mesmo a genética buscando compreender a estrutura
a função dos genes
e os mecanismos de transmissão das características através das gerações
nunca vai compreender a força de um teimoso.

no fim do dia passei novamente em frente a escola ainda espirrando
leio a frase
escola é lugar de vida
e penso
que o menino da farmácia deve ter crescido sem armas na infância.

vejo no horizonte a camada de poluição que cobre a cidade.
se alguém olhasse a gente lá do alto nesse instante
pensaria que tem muito pó pra remover no mundo
antes de nossas potencialidades aparecerem.

10 DE NOVEMBRO

se tem uma coisa me incomodando a semana inteira
é o episódio que assisti da minha janela.
um urubu pousou na calçada e acredito que
sem muitas forças pra voltar a voar
caminhou perdido vendo a cidade desse novo patamar.

a rotina frenética fez com que metade das pessoas
não percebesse que cruzavam o caminho com um pombo de grande
[proporção.
mas o que realmente me intrigou foi uma menina que parou
e dedicou extrema atenção. por horas.

(repare bem que esse detalhe é importante
porque fosse a frase uma figura de linguagem
ela diria mais sobre mim do que sobre a história
porém como bom observador não preciso de hipérboles
pra descrever que realmente fiquei muito tempo
no parapeito)

ela cercou os caminhos pra que a ave não atravessasse a rua perigosa
com carros que mal respeitam gente.
interagia com quem passava
como se a ave fosse sua por estimação.

o desfecho é menos simbólico do que se espera ao ouvir algo tão inusitado.
um veículo de serviços da guarda florestal capturou o animal

com um caixa de papelão doada pelo restaurante do outro lado da rua
onde se lia nas laterais o nome bem grande
de uma marca de óleo de cozinha.

tenho dormido e acordado há dias
com três perguntas na cabeça:

qual é a profissão da garota que dedicou tanto tempo ao socorro?
por que tenho falado de pássaros com uma frequência fora do normal
pra quem mora em uma cidade?
e se interessa à empresa de óleos saber sobre o tal resgate?

14 DE NOVEMBRO

perdi uma meia.
uma só. não foi o par.
simplesmente sumiu dentro de casa.

e agora me pego refletindo
sobre tudo o que pode sair de controle na vida de uma pessoa
quando você está apenas parado olhando uma pilha de roupas limpas.

tenho uma peça de teatro pra ir.
uma peça que está quase saindo de cartaz.
deve ser a quarta ou quinta vez que me programo e não vou.

e agora me pego refletindo
se alguém pudesse de longe
se minha vida inteira não passa de um quebra-cabeça
com peças em falta.

21 DE NOVEMBRO

tenho uma vizinha íntima no prédio da frente que coloca na janela
algumas vezes por semana
uma gaiola com um passarinho.
chamo de íntima
porque acredito que ambos conhecemos bem as rotinas um do outro.
me pergunto se existe limite pra liberdade.
se liberdade é uma sensação ou um estado.

apesar de milhares de anos de evolução desenvolvendo ossos pneumatizados
e um sistema com cavidades dentro do corpo
que se enchem de ar proporcionando leveza na hora do voo
há uma gaiola.

dois urubus em círculos no céu
aproveitam as correntes de ar quente pra planar por horas a fio sem esforço.
passar perto da janela
uma mistura de incentivo e inveja.

reflito sobre o pássaro na gaiola dentro de quatro paredes
atrás de um vidro sujo
com a porta trancada por duas voltas de chave tetra
uma portaria com câmera
duas fechaduras
um porteiro ao lado de um telefone de emergências
e uma viatura policial estacionada na calçada da frente.

de dentro da gaiola o pássaro tem pena.

27 DE NOVEMBRO

alguém cultiva um jardim no teto do carro abandonado
que fica perto da estação de metrô.
plantas em cima de um automóvel
tinham o atalho perfeito pra conhecer novos lugares não fosse
o contato com o oxigênio presente no ar oxidando sonhos.

como nem tudo são flores
alguém saiu a desbravar o mundo.
procura-se fitó
diz o cartaz colado no poste da mesma calçada
com a foto de uma gata amarelada.

no posto de gasolina mais à frente
carros desarborizados se preparam pra novas rotas depois de alguns litros.
jardins verticais estão mais comuns.
em protesto a falta de espaços horizontais
o verde escorre pra cima nas paredes cinzas.

pintaram um painel da elza soares perto do corpo de bombeiros.
um pouco mais de cor na cidade.
não sou de dar opinião sem que me peçam mas
se um dia me perguntarem a respeito da preferência pros murais
entre folhas e tintas
com certeza terei dúvidas.

cantoras brotando em cima de um carro
painéis com gatos encontrados
e jardins andando pelo asfalto
seriam escolhas mais fáceis pra desbravar realidades.

1 DE DEZEMBRO

o relógio eletrônico no meio da avenida
mostra a hora e a temperatura
em troca de me fazer olhar a propaganda de um novo iogurte.
espero
pacientemente
o fluxo de carros diminuir pra atravessar em um local proibido.

faz meses que não entro em um banco
e a fila me lembra um dos motivos pelos quais
faz meses que não entro em um banco.

mesmo sabendo que probióticos são micro-organismos vivos
capazes de melhorar o equilíbrio intestinal
facilitando a formação de uma barreira e inibindo o desenvolvimento
                                        [de bactérias
preferia ainda estar na avenida olhando o relógio eletrônico.

através do vidro blindado vejo o trânsito parar do lado de fora.
um carro que transporta cadáveres
é o terceiro na fila esperando o farol abrir. me pergunto
se é justo continuar esperando mesmo depois de morrer.

na volta faço o caminho mais longo.
evito ficar parado por escolhas dos outros.
penso isso enquanto olho a réplica de uma estátua do lasar segall
que tem no parque perto de casa.

um dos temas preferidos de lasar era o sofrimento humano.
lasar tinha também uma tendência a objetos geométricos
e é muito comum ver formas triangulares em seus quadros.
e apesar de ótimo encaixe o triângulo é também
umas das formas mais pontudas da geometria.
nem tudo é sobre caber.

percebo que passou muito tempo
porque a temperatura mudou consideravelmente.
levanto em direção à saída e pergunto a hora
pra uma senhora tomando iogurte sentada no banco ao lado.
a vida é muito engraçada pra gente perder tanto tempo
andando dentro de carros
do instituto responsável pelas necropsias e laudos cadavéricos
das entidades governamentais.

6 DE DEZEMBRO

a força de atração entre dois corpos
é resultado de suas massas
dividido pelo quadrado da distância entre eles.
quanto mais massa um corpo tem e mais perto ele está
maior sua força de atração sobre outro corpo.

jogo pela janela
todas as folhas secas que caem das minhas plantas em casa
e fico olhando elas flutuarem lentamente até a rua.
isaac newtando me questiono
por que a gravidade atrai os objetos de formas tão diferentes?
não sei muito além disso sobre tal lei
pra chegar em uma resposta mais racional
por isso me dou satisfeito em saber que
alguns objetos merecem mais tempo de voo pra apreciar a paisagem.

a poesia pode não salvar o mundo
mas salva o minuto
como disse matilde campilho uma vez.

soube que andam acontecendo ataques a bancos e lojas em paris
por algum motivo político que fez a população protestar.
ação e reação é uma coisa que entendo melhor.
forças opostas e de igual intensidade reagindo a propostas autoritárias.
a sociedade é capaz de ensinar muita coisa fora da escola
apesar de pessoas caírem em velocidades diferentes de folhas.

um conhecido da clarissa se jogou do nono andar mês passado.
um suicida é alguém que passou a comer
vestir e sonhar inanição.
é quando a gente fica leve o suficiente nem pra voar.

quem diria que um dia com tanta inércia
renderia reflexões a base de estruturas vegetais de formato laminar
responsáveis pela fotossíntese mas que
excepcionalmente hoje
não estão verdes.
pensamentos murchos vão direto pro centro da terra
e se você parar pra pensar
é bem contraditório quando dizem que a gente está com a cabeça na lua.

13 DE DEZEMBRO

tem uma rachadura
no asfalto da rua
que passa em frente à praça.

um pequeno caminho de grama
nasce do buraco em forma de cobra.

o parque não se basta mais
dentro de um só quarteirão.

22 DE DEZEMBRO

é quase natal
mas ainda tenho tempo de aprender um pouco sobre pisos
terremotos e outras técnicas avançadas de reforma.

minha parede explodiu. assim mesmo
com todo o impacto que a palavra explosão é capaz de fazer. boom.
e no chão da cozinha tinha azulejo por toda parte.

gilvan me disse que umas das funções do rejunte
entre as placas de cerâmica é
ajudar na estabilização de eventuais deslocamentos estruturais
garantindo que o revestimento se mantenha intacto
apesar das movimentações de onde ele foi assentado
e da dilatação decorrente das variações de temperatura.

pequenos terremotos diários que nem eu
nem richter
conseguimos sentir porém
meu prédio da década de 60 é sensível demais pra suportar sozinho.
explode azulejos como um ato revolucionário pra dividir o peso que é
aturar alguns arrozes que deixei queimar ao longo dos anos.

a escala que mede a magnitude de um abalo sísmico
começa em zero e pode crescer infinitamente apesar de até hoje
não termos registros de algo que tenha chegado a dez.
não é preciso ser sismólogo pra saber o estrago que

um ano inteiro imóvel
é capaz de fazer na vida de uma pessoa que mora só.

27 DE DEZEMBRO

chegou um livro aqui em casa.
não lembro de ter comprado.
no pacote diz meu nome
endereço
mas não diz o que fazer com encomendas esquecidas.

você já leu uma bula?
às vezes me pergunto
se ela é feita pra gente entender ou não entender.
às vezes me pergunto também
se tenho gastado muito tempo me perguntando coisas
que não precisam de respostas.

colocaram uma cerca
em volta da árvore que fica em frente a oficina.
você não se perguntaria o motivo?

reparei agora que o ano
em sua quase totalidade
passou
repleto de banalidades.
um ano cheio de trivialidades que não encheria meio guardanapo.
quem dirá uma bula.

não existe receita de como viver.
o mundo ordinário ganha atenção nos detalhes.

deixo o livro na estante junto com os outros que acumulei sem ler.
tem tanta coisa que não fiz este ano.
quem sabe no próximo.

será que algum médico já receitou poesia?

CARA LEITORA, CARO LEITOR

A **Cachalote** é um selo do grupo editorial **Aboio** criado em parceria com a **Lavoura Editorial**.

Lemos, selecionamos e editamos com muito cuidado e carinho cada um dos livros do nosso catálogo, buscando respeitar e favorecer o trabalho dos autores, de um lado, e entregar a vocês, leitores, uma experiência literária instigante.

Nada disso, portanto, faria sentido sem a confiança que os leitores depositam no nosso trabalho. E é por isso que convidamos vocês a fazerem cada vez mais parte do nosso oceano!

Todas as apoiadoras e apoiadores das pré-vendas da **Cachalote**:

— têm o nome impresso nos agradecimentos dos livros;
— recebem 10% de desconto para a próxima compra de qualquer título do grupo Aboio.

Conheçam nossos livros e autores pelos portais **cachalote.net** e **aboio.com.br** e siga nossos perfis nas redes sociais. Teremos prazer em dividir com vocês todos nossos projetos e novidades e, é claro, ouvir suas impressões para sempre aprendermos como melhorar!

Embarque e nade com a gente.

Cada livro é um mergulho que precisa emergir.

APOIADORAS E APOIADORES

Agradecemos às 185 pessoas que confiam e confiaram no trabalho feito pela equipe da **Cachalote**.

Sem vocês, este livro não seria o mesmo.

A todos os que escolheram mergulhar com a gente em busca de vozes diversas da literatura brasileira contemporânea, nosso abraço. E um convite: continuem acompanhando a **Cachalote** e conheçam nosso catálogo!

Adriana Lopes Rodrigues Vasco
Adriane Figueira Batista
Afonso Lima
Alessandra Martins
Alessandro Vieira
Alexander Hochiminh
Allan Gomes de Lorena
Ana Paula Gomes Borges
André Balbo
André Costa Lucena
André Pimenta Mota
André Serante
Andreas Chamorro
Andressa Anderson
Andressa Dantas Cavalcante
Anna Martha Silveira
Anthony Almeida
Antonio Pokrywiecki
Arthur Lungov
Bianca Monteiro Garcia
Brian Moralles
Bruna Lima Gomes
Bruna Rippe
Caco Ishak
Caio Balaio
Caio Girão
Calebe Guerra
Camila Abreu
Camilo Gomide
Carla Alonso Cancellara
Carla Guerson
Carla Link Federizzi
Carlos Ferreira da Silva
Carolina Lemos Cunha

Carolina Linhares Bacarin
Carolina Valentim
Cassia Larissa Gimenez
Cecília Garcia
César Augusto
Cintia Brasileiro
Claudine Delgado
Cleber da Silva Luz
Cristina Machado
Daniel Dago
Daniel Dourado
Daniel Giotti
Daniel Guinezi
Daniel Leite
Daniela Rosolen
Danilo Brandao
Danilo Toth Lombardi
Deborah Kutnikas
Denise Lucena Cavalcante
Dheyne de Souza
Diogo Mizael
Duda Hernandez
Eduardo Henrique Valmobida
Eduardo Rosal
Eduardo Usignolo Carnauba Vicente
Emil Lewinger
Enzo Vignone

Evandro Silva Araujo
Fabio Franco
Febraro de Oliveira
Felipe Perricci
Felipe Rossi Versolatto
Fernanda Azanha e Lima
Flávia Braz
Flávio Ilha
Francesca Cricelli
Francisco Mitkus
Frederico da C. V. de Souza
Gabo dos livros
Gabriel Cruz Lima
Gabriel Lima de Melo
Gabriel Stroka Ceballos
Gabriela Linhares Bacarin
Gabriela Machado Scafuri
Gael Rodrigues
Geraldo Moralles
Giselle Bohn
Graziella Santos Guimarães
Guilherme Belopede
Guilherme da Silva Braga
Guilherme Rieth
Guilherme Silva
Gustavo Bechtold
Guto Campello
Heitor da Luz Silva

Henrique Emanuel	Lígia Civile
Henrique Lederman Barreto	Lili Buarque
Jadson Rocha	Livia Yumi Valde Tatibana
Jailton Moreira	Lolita Beretta
Jefferson Dias	Lorane Maximo
Jessica Ziegler de Andrade	Lorenzo Cavalcante
Jheferson Neves	Lucas Cabrini
João Luís Nogueira	Lucas Carasek
Julia Camargo	Lucas Ferreira
Júlia Gamarano	Lucas Lazzaretti
Julia Nogueira	Lucas Verzola
Julia Stefanini de Lima	Luciano Cavalcante Filho
Júlia Vita	Luciano Dutra
Juliana Costa Cunha	Luis Felipe Abreu
Juliana Slatiner	Luísa Machado
Juliano de Almeida	Manoela Machado Scafuri
Júlio César Bernardes Santos	Marcela Roldão
Laís Araruna de Aquino	Marcelo Mendes Oliveira Freitas
Larissa Leme	Marcia Cristina Macedo Malucelli
Larissa Salerno	Marco Bardelli
Laura Redfern Navarro	Marcos Vinícius Almeida
Laura Reis	Marcos Vitor Prado de Góes
Leitor Albino	Maria F. V. de Almeida
Leo Yamashiro Saito	Maria Inez Porto Queiroz
Leonardo Gaede	Mariana Donner
Leonardo Pinto Silva	Mariana Figueiredo Pereira
Leonardo Ribeiro	Mariana Hiromi
Leonardo Zeine	Marina Lourenço

Mateus Magalhães
Mateus Torres Penedo Naves
Matheus Picanço Nunes
Mauro Paz
Milena Martins Moura
Mikael Rizzon
Natacha Engelmann
Natalia Timerman
Natália Zuccala
Natan Schäfer
Nayara Lopes Diniz
Otto Leopoldo Winck
Paula Balieiro de Moraes
Paula Kramer Spineli
Paula Maria
Paulo Scott
Pedro Araujo
Pedro Torreão
Pietro Augusto G. Portugal
Piu Afonseca
Priscilla Cristina Coimbra Passini
Rafael Mussolini Silvestre
Renato Ferreira dos Santos
Ricardo Kaate Lima
Rodrigo Barreto de Menezes
Rodrigo Seixas
Rodrigo Vieira
Samara Belchior da Silva

Sergio Mello
Sérgio Porto
Thais Fernanda de Lorena
Thassio Gonçalves Ferreira
Thayná Facó
Thiago Noriaki Ohara
Tiago Moraes
Tiago Valadão
Valdir Marte
Vinicius Mancini
Weslley Silva Ferreira
Yvonne Miller

PUBLISHER Leopoldo Cavalcante
EDITOR-CHEFE André Balbo
REVISÃO Veneranda Fresconi
ASSISTÊNCIA EDITORIAL Nelson Nepomuceno
DIREÇÃO DE ARTE Luísa Machado
COMUNICAÇÃO Thayná Facó
COMERCIAL Marcela Roldão
PROJETO GRÁFICO Leopoldo Cavalcante
FOTO DA CAPA Thayná Facó

© da edição Cachalote, 2024
© do texto Tiago Moralles, 2024

Todos os direitos reservados. Nenhuma parte desta obra pode ser reproduzida, arquivada ou transmitida de nenhuma forma ou por nenhum meio sem a permissão expressa e por escrito da Aboio.

Grafia atualizada segundo o Acordo Ortográfico da Língua Portuguesa de 1990, que entrou em vigor no Brasil em 2009.

Dados Internacionais de Catalogação na Publicação (CIP)
Eliane de Freitas Leite — Bibliotecária — CRB-8/8415

Moralles, Tiago
   será que algum médico já receitou poesia? / Tiago Moralles.
-- São Paulo : Cachalote, 2024.

   ISBN 978-65-83003-19-5

   1. Poesia brasileira I. Título.

24-218719   CDD-B869.1

Índices para catálogo sistemático:
1. Poesia : Literatura brasileira

[2024]

Todos os direitos desta edição reservados à:
ABOIO EDITORA LTDA
São Paulo — SP
(11) 91580-3133
www.aboio.com.br
instagram.com/aboioeditora/
facebook.com/aboioeditora/

[Primeira edição, agosto de 2024]

Esta obra foi composta em Adobe Garamond Pro.
O miolo está no papel Pólen® Natural 80g/m².
A tiragem desta edição foi de 300 exemplares.
Impressão pelas Gráficas Loyola (SP/SP)

A marca FSC® é a garantia de que a madeira utilizada na fabricação do papel deste livro provém de florestas que foram gerenciadas de maneira ambientalmente correta, socialmente justa e economicamente viável, além de outras fontes de origem controlada.